アダム・スミス霊言による

Adam Smith

新国富論

同時収録 **鄧小平の霊言** 改革開放の真実

大川隆法

RYUHO OKAWA

本霊言は、2010年5月25日、幸福の科学総合本部にて、
質問者との対話形式で公開収録された。

まえがき

アダム・スミスも、中国の鄧小平《とうしょうへい》も、国家の経済的発展には大きく寄与《きよ》した人物である。しかし、その死後は、天と地ほど境涯《きょうがい》に開きがある。単なる豊かさだけを目指してはだめなのだ。神の心、国民の幸福を願う心が大切なのだ。

本書と同時に発売される『国家社会主義とは何か』に収録された胡錦濤《こきんとう》中国国家主席守護霊霊言と、本書の鄧小平の霊言を読み比べてみれば、中国の底流をなす政治経済思想は明らかである。

願わくは、アダム・スミス型の思想が、この地球を護《まも》りますように。

二〇一〇年　六月八日

国師《こくし》　大川隆法《おおかわりゅうほう》

アダム・スミス霊言による「新・国富論」　目次

まえがき　1

第1章　自由主義経済の真髄《しんずい》を語る

二〇一〇年五月二十五日　アダム・スミスの霊示

1　国家経済における防衛費の意義　11

軍事費の経済効果はゼロではない　18

軍事力なき外交はほとんど無力である　22

中国に依存《いぞん》する財界論理の危険性　25

国力相応の防衛費は「発展のためのコスト」　27

消費税相当分ぐらいの防衛費は持つべき　32

2　「神の見えざる手」の真意とは　36

「経済を理性でコントロールできる」というのは幻想《げんそう》　37

私は、「個人や企業《きぎょう》の努力が報《むく》われる経済原理」を説いた　41

3　**マルクス経済学の間違《まちが》いについて**　46
「悪いものを押《お》し付け、良いものを圧迫《あっぱく》する」のが統制経済　47
厳しい市場原理のなかでこそ智慧《ちえ》が磨《みが》かれる　50
マルクス主義には、「利益」に対する徹底的《てっていてき》な憎悪《ぞうお》がある　54
レッセフェールのバックにある理念は「神の望まれる繁栄《はんえい》」　58

4　**中国経済のバブル崩壊《ほうかい》の可能性**　60
「情報入手の自由」がなければ市場経済は成り立たない　61
中国の政治体制は、先進国に移行した段階で崩壊する　64
中国を崩壊させる三つの要因　67
中国が日本のレベルまで行くには、あと三十年かかる　71

5　**経済学と宗教倫理《りんり》との関係**　75
古い宗教では経済倫理が十分に説かれていない　76

経済原理と正しい職業観を融合《ゆうごう》させよ　81
イスラム教圏《けん》には「貧しさの平等」が広がっている　83
6　来《きた》るべき「新しい経済学」とは何か　87
〝安売り合戦〟を続けると最後は共倒《ともだお》れになる　87
高付加価値の商品をつくり、お金の回転速度を上げよ　90
緊縮《きんしゅく》財政と増税で、この国は〝脳死状態〟になる　92
「ユニクロ亡国論」に注意せよ　96
危機の時代には「智慧のある者」に頼《たよ》るしかない　98

第2章　「改革開放」の真実

二〇一〇年五月二十五日　鄧小平《とうしょうへい》の霊示

1　〝中国経済崩壊の予言〟について反論を聴《き》く　103

2 **鄧小平の死後の行き先** 106
井戸《いど》の底から、ものすごい速度で何万メートルも引き上げられた 109
再び失脚《しっきゃく》し、地下牢《ちかろう》に閉じ込《こ》められたと思っている 116
3 **鄧小平時代の中国を振《ふ》り返る** 127
共産主義の理想と合わない考えも持っていた鄧小平 127
毛沢東《もうたくとう》が長生きした分、中国は停滞《ていたい》した 130
日本を訪問して感じたこと 133
「金を稼《かせ》ぎ、軍事拡張をする」ことが、中国の基本路線 136
4 **あの世でヒトラーに出会った** 140
5 **「改革開放」の真の狙《ねら》いとは** 146
中国十三億人すべてを豊かにするつもりはなかった鄧小平 146
目的は、あくまでも軍事力増強であり、民主化ではない 149
「ゴルバチョフは、同志とは言えない」と見ている 151

中国の人権問題を批判してくるアメリカは〝ちっぽけな国〟　153
中国は、あと五年か十年で、アメリカの軍事力に追いつくだろう　160

6　民主化運動や人権問題を、どう考えるか　166
十三億人をまとめるには、〝専制君主〟が必要と考えている　170
人権思想をまったく受け入れない、鄧小平の霊《れい》　174
「国家主席が中国皇帝《こうてい》だ」と考えている　186

7　唯物論者《ゆいぶつろんしゃ》の金儲《かねもう》けは最悪の結果をもたらす　191

あとがき　199

第1章

自由主義経済の真髄《しんずい》を語る

二〇一〇年五月二十五日　アダム・スミスの霊示

アダム・スミス（一七二三〜一七九〇）

イギリスの経済学者・哲学者《てつがくしゃ》で、「経済学の父」と呼ばれる。グラスゴー大学で道徳哲学を学び、論理学と道徳哲学の教授に就任。『道徳感情論』を発表して名声を得る。その後、主著『国富論』において、「重商主義《じゅうしょうしゅぎ》」を批判して自由競争に基づく経済発展の理論を説き、経済学の基礎《きそ》を確立した。特に、「自由競争によって『見えざる手』が働き、最大の繁栄《はんえい》がもたらされる」という思想が有名。

［質問者三名は、それぞれA・B・Cと表記］

1　国家経済における防衛費の意義

大川隆法　今朝、私は、経済系の霊言集《れいげんしゅう》を二冊ほど校正しました。一冊は、ドラッカーの霊言で、もう一冊は、高橋是清《たかはしこれきよ》、田中角栄《かくえい》、土光敏夫《どこうとしお》の霊言です（『ドラッカー霊言による「国家と経営」』『景気回復法』〔共に幸福の科学出版刊〕）。

読んでいて面白《おもしろ》かったのですが、やはり、経済の話となると、近代における自由主義経済の始祖《しそ》に当たるアダム・スミスの霊言も、一度は録《と》らなければいけないと思います。

また、マルクスの霊言を出した以上（『マルクス・毛沢東のスピリチュアル・メッセージ』〔幸福の科学出版刊〕）、「今、アダム・スミスなら、どのようなことを言うか」ということも、聴いておいたほうがよいのではないかと考えたわけです。

ほんの二時間前に決めたことです。それでは、どうなるかは分かりませんが、やってみます。

（約十秒間の沈黙《ちんもく》）

アダム・スミスよ。『国富論』を書いたアダム・スミスよ。幸福の科学に降りたまいて、われらを指導したまえ。

アダム・スミスよ。『国富論』を書いたアダム・スミスよ。幸福の科学に降りたまいて、われらを指導したまえ。

アダム・スミスの霊よ。われらを指導したまえ。

（約二十五秒間の沈黙）

アダム・スミス　うん。

Ａ――　アダム・スミス先生、本日は、ご降臨《こうりん》、まことにありがとうございます。

アダム・スミス　いや、ハッハッハッハッハッハ。君、経済学者に降臨って言うのはおかしいよ。

Ａ――　とんでもないことです。「経済学の父」と言われるアダム・スミス先生に、直接、ご指導賜《たまわ》れますことを、心より光栄に存じます。

アダム・スミス　いや、いや。

Ａ――　私は、雑誌「ザ・リバティ」（幸福の科学出版刊）の編集をしている○○と申します。

アダム・スミス　ふーん、いい名前だ。

A――　ありがとうございます。

アダム・スミス　いや、君の名前ではなくて、「リバティ」というのがいいって言っているんだよ（会場笑）。

A――　ああ、はい。ありがとうございます。それでは、質問させていただきます。

アダム・スミス　うん。

Ａ――　一問目は、防衛費と「小さな政府」との関係についてです。

アダム・スミス　何と？

Ａ――　防衛費。

アダム・スミス　防衛費って言ったのか。

Ａ――　はい。防衛費でございます。

アダム・スミス　うーん。

A――　アダム・スミス先生の生前のご著書である『国富論』においても、防衛費の重要性について、ずいぶん説かれていたと思います。

アダム・スミス　君、よく勉強しているねえ。

A――　そんなことはございません。

アダム・スミス　すごいなあ。

A――　いえ、いえ。

アダム・スミス　ふーん。

A――　日本も、アダム・スミス先生が活躍《かつやく》されたイギリスと同じように島国ですが、現在、「国難」と言われるような大変な状況《じょうきょう》を迎《むか》えております。

アダム・スミス　うん、うん。

A――　具体的には、近隣《きんりん》諸国との間《あいだ》に安全保障上の問題を抱《かか》えております。

アダム・スミス　うん、うん、うん。

A――　そこで、私たちは、防衛費の増大について論じており、その一方で、経済的な活力を引き出すために、減税の必要性も主張しております。

アダム・スミス　うーん。

Ａ――　防衛費が大きくなると、どうしても財政赤字になり、そして、「大きな政府」型になりやすいというジレンマがあります。現代の国家において、防衛費の増大と、減税とを両立させ、「小さな政府」を実現するための方策について、アダム・スミス先生のお考えを、お伺《うかが》いしたいと思います。

軍事費の経済効果はゼロではない

アダム・スミス　うーん。防衛費と言ったが、まあ、軍事費と言い換《か》えてもよいとは思うんだけれどもね。日本では、防衛と軍事は違《ちが》うのかもしれないが（笑）。

そのへんは、よく分からないけれども、軍事費の最大の効用というのは、やはり、他国と貿易をする際に、国際ルールに則《のっと》らない、不正なことが起きたりすることを防ぐような点かな。

だから、経済効果がゼロではないんですよ。「軍事費は、経済効果がゼロだ」と思うかもしれないけれども、そうではない。

例えば、有名な宝飾店《ほうしょくてん》などでは、ガードマンが立っているでしょう？　本当はガードマンなど立たないほうが、客は入りやすいけれども、いろいろな客が入ってきたら、ときどき、商品を持って逃《に》げたりする人がいるよね。それを考えると、お客にはたくさん入ってほしいけれども、客を選別する必要がある。つまり、ガードマンが立っているのを見たら逃げるような人は、店に入らずに、よそへ行ってもらいたいんだよね。

万引きをするような人には、安売り店などへ行って、やっていただきたいわけであって、宝飾品を売っているような店に入って、ダイヤモンドや時計などを盗《ぬす》まれたのでは困るわけだ。

ガードマンが立つことによって、客を選《よ》り分ける効果があると同時に、財産を護《まも》っているところもある。また、「重要な客が来て商取引をする際の安全を護る」という役割が、そのガードマン代には、実は入っているわけですね。

だから、今、日本のような国が、防衛費用というか、軍事費用を使う理由には、何があるか。

一つには、まだ、完全に「脱石油文明《だつせきゆ》」にはなっていないと思うので、タンカーを使っての石油の輸送ルートの確保があるでしょう。その途中《とちゅう》で、マラッカ海峡《かいきょう》のように海賊《かいぞく》が出る所もあるし、海賊ならぬ、国自体が襲《おそ》ってくることもあるかもしれない。日本のタンカーに魚雷《ぎょらい》の一発でも撃《う》ち込《こ》まれたら、国を挙げての大騒《おおさわ》ぎになるじゃないか。どうだね？

魚雷なんか大した値段ではないだろうけれども、石油満載《まんさい》の巨大《きょだい》タンカーに魚雷を一発撃たれて沈《しず》められたら、もう、それだけで、原油が入らなくなるかどうかの大騒動になるよね。

まあ、最近もあったじゃないですか。韓国《かんこく》の哨戒艦《しょうかいかん》が、水中で爆発《ばくはつ》した魚雷で真っ二つになるようなことがありましたね。

これをタンカーでやられた場合を想定してみるよ。マラッカ海峡でなくてもいい。

ほかの海峡でも、どこでもいいけれどもね。もし、一発これをやられたら、必ず、全部沈められるとは限らないけれども、一隻《いっせき》でもやられたとしたら、そのとたんにどうなるか。

石油を使う日本の産業、要するに、石油そのもので走らせる自動車産業からはじまって、石油を使って化学製品をつくっている化学業界、それから、発電など、石油を燃料にしているいろいろな産業すべてが、機能麻痺《まひ》を起こしてしまう。

これらをすべて代替《だいたい》エネルギーに切り替《か》えるとなったら、ものすごい時間がかかるし、そもそも、「戦争の準備はあったのか」という話になるよね。

まあ、そういうことを考えると、ダイヤモンドの専門店に、警備員を一人か二人置く、あるいは、三人置くということは、一見、費用が高くなるようにも見えるけれども、ある程度、役に立っている面があるわけです。

貿易、通商を行うためには、本来は平和でなければいけないんだけれども、軍事力は、そういう意味での安全性や、公正な取り引きを担保するためにあると言うべきでしょう。

軍事力なき外交はほとんど無力である

もう一つ、政治的な面で見れば、外交は、やはり、軍事力によって担保されている面が大きいですね。

だから、軍事力なき外交というのは、本当は、ほとんど無力なんです。「片方が軍事力を持っていて、片方が持っていない」という場合、商業だけで生きていこうとしたら、基本的には、もう、貢物《みつぎもの》を持っていって朝貢《ちょうこう》する以外に方法はないでしょうね。

相手国に税金を納めるような感じで、「何かを貢ぐので、認めてください」というようにお願いする以外になく、立場には、明らかに上下がつきますね。

アジアやアフリカは、ここ何百年かの間《あいだ》、欧米《おうべい》諸国に侵略《しんりゃく》され、植民地にされてきました。欧米諸国は、「重商主義」を中心にして、欧米のものをいろいろと売りつけては、大切な金、銀、銅、ダイヤモンド、その他の鉱石類、それから、綿花、絹織物、茶、コショウその他の香辛料《こうしんりょう》などを、それに相応する代価を十分に払《はら》わずに、大量に収奪《しゅうだつ》していきました。

例えば、イギリスは、インドから多くのものを収奪していったけれども、十分な代価を払っていませんよね。

本来、対等な国同士であれば、それに見合う代価が十分に払われて、その貿易は相互《そうご》に富む結果になるわけです。だから、イギリスが繁栄《はんえい》したのなら、相手国であるインドも同じように繁栄しなければいけない。貿易というのは交換《こうかん》だから、本来はそういうものです。

ただ、イギリスからインドに入ったものと、インドからイギリスに入ったものとは、百数十年の間、ずいぶん違っていました。要するに、交換レートの違うものが、実は入っていたと見るべきでしょうね。

その交換レートの違い、その差というものは、実は武力によってつくられていて、経済学的には均衡《きんこう》していなかったと思われます。「いざというときは、いつでも攻《せ》めて占領《せんりょう》できる」という軍事力の差が、その圧力になっていたと言えますね。

だから、「軍事力は持たずに、経済の面だけで、平和的にやればいいではないか」という考えはあると思うけれども、この「イギリス」対「インド」の関係を見るかぎり、インドの武力でもってしては、イギリスにはどうしても対抗《たいこう》することができなかったために、百数十年間、支配され、インドは貧しいままでしたよね。

ガンジーが出てきて、「インドの伝統的な生活に返れ」と言って、インドの民族衣装をまとい、上半身裸《はだか》で糸車を回している姿は有名ですけれども、あれは、「生活レベルを下げてインド的なものに戻《もど》せば、イギリスに頼《たよ》らなくてもやっていける」ということで、始めたものでしょう。

インドは、いまだに、そんなに豊かではないですね。植民地というのは、武力に格差があった場合、大きな武力を持っているほうが、その分、有利になるようになっているわけです。

よほど道徳心が高く、人類愛に燃えているような国家の場合は、武力の差を気にせずに、公平な立場で貿易をしてくれるかもしれないけれども、たいていの場合は不均衡が生じます。

中国に依存《いぞん》する財界論理の危険性

今、日本は、民主党が政権を取っており、さらに、財界は中国との貿易を拡大したいと考えています。

要するに、「今はデフレだから、物の値段を下げないかぎり、会社が潰《つぶ》れてしまう。会社を発展させたかったら、中国との取り引きを拡大するしかない。中国を『世界の工場《こうじょう》』にして、安い人件費で物をつくらせ、それを輸入して安売り合戦を仕掛《しか》ければ、国内の産業、つまり、国内で物をつくっている会社は、人件費が高いので、みな滅《ほろ》びていく。つまり、中国とうまくやったところは、国内の企業《きぎょう》を潰しながら売り上げを伸《の》ばし、巨大企業になれる」ということになっています。

けれども、これは、ある意味での売国産業でしょうね。

そういう意味で、中国に経済依存《いぞん》を続けるためには、向こうを怒《おこ》らせないに限るので、平和論を説き、武力を持たなければよいということになります。

「防衛費を巨大化させなければ、中国との貿易は続いて、発展し、経済界は潤《うるお》う。けれども、政治のほうで、『タカ派』型の政権ができると、中国が怒って取り引きをしてくれなくなるから、売り上げが伸びなくなり、利益が出なくなって会社が潰れてしまう」という感じの論理が、今、財界にはあって、この財界が民主党政権を支えているところがあると思いますね。これが、自民党の「タカ派」政権が敗北し、民主党政権になった理由だと思います。

ただ、これは、自分たちの「生殺与奪《せいさつよだつ》の権」を一方的に相手に与《あた》えていることになるわけです。

「安く仕入れるためには、中国との取り引きが重要だ」ということだけで財界が生き延びようとすると、例えば、日本の島が中国に取られても、「まあ、島の一つぐらい、どうということはないじゃないですか。そんな島は、不動産価格にしたら、ほんの小さなものであり、経済的な取り引きの大きさから見れば大したことはない」と、こういうふうになるでしょうな。同じ論理でいけばね。

まあ、「蟻《あり》の一穴《いっけつ》」ということを言っている党首がいるようだけれども、逆の意味での「蟻の一穴」で、どこかを攻め込まれることはあるということですね。

国力相応の防衛費は「発展のためのコスト」

日本は大国になったし、人口一人当たりで見れば、中国の十倍ぐらい国民が豊かですよね。例えば、あなたがたでも、友達付き合いをする場合に、経済力に十倍の差があったら、友人関係を続けるのは難しいでしょう？　どうですか。

あなたの可処分所得は十万円で、相手の可処分所得は百万円だとします。向こうは遊び賃に百万円を使えるが、あなたは十万円しか使えない。そうすると、そんなに頻繁《ひんぱん》には付き合えないですよね。毎日のように誘《さそ》われたら、大変なことになって、破産しますよね。

そのような関係になると、やはり、相手のことをうらやましく思い、裏で陰口《かげぐち》や悪口を言いたくなってきますよね。そういう友達は、ありがた迷惑《めいわく》になるでしょうね。

いくら向こうが、「収入が十分の一しかないあいつと付き合っていると、何でも雑用をしてくれ、使いっ走りをしてくれるので助かる。酒を飲んでいて、『この酒はまずいぞ』と言ったら、店と値引き交渉《こうしょう》をしてくれるし、外でビールを安く買って持ち込んでくれたりする。そういうことをしてくれるので、非常にありがたい友達だ」というようなことを言っていても、どこかで、ぎくしゃくしてきて、対等な付き合いはできなくなるということですね。

だから、やはり、国際的な貿易、交易をするためには、国力相応に、一定の防衛費は必要なものだと思わなければいけません。そうでなければ、もう、鎖国《さこく》政策を採って、「外国とは、長崎《ながさき》の出島《でじま》でしか付き合わない」というようなかたちにするしかありませんね。

今、実際に軍備拡張をし、侵略性のある国があるので、私は、やはり、防衛費も経済原理のなかに織り込まないといけないと思います。これだけの金持ちの国が、今後も繁栄していくためには、それは、当然、織り込まなければいけないコストだと思いますね。

「『万一、侵略されたら』などと考えるのは、狼《おおかみ》を呼び込むようなものであり、寝《ね》た子を起こすようなものだ」というように言われるかもしれません。しかし、魚雷でタンカーを真っ二つに割られたりしたら、もしかすると、日本経済は魚雷一発で壊滅《かいめつ》する可能性があるんですよ。

防衛費を惜《お》しんだために、タンカーに魚雷が当たって沈む。そうすると、その後、石油の輸送業者が、一切、原油を仕入れてこなくなったり、別のところから高い石油を売りつけられたりするようなことが起きるわけですね。あるいは、飛行機で原油を運ぶのは、コストが高すぎますよね。

そういうことがあるわけですから、「平和な交易を護るためには、多少、警備が要《い》る」ということを知り、経済原理のなかに、コストとして防衛費を織り込まなければいけないと思いますね。

「国防費が増えたら、税金が上がって、経済が発展できなくなる」と言うかもしれないけれども、経済的繁栄を護るためには、一定の防衛費の負担は、やはり要ると思うし、一定の防衛力を持っていることが、相手から不公正な押《お》し付けをされたり、不当な圧力をかけられたりせずに、自由にものが言えるための条件になると思います。

やはり、商売というのは、自由にものが言えて、交渉ができなければ成り立たないものなので、防衛力はそのために必要なものだと思いますね。

日本は、アメリカの軍事力に依存してきたけれども、その半面、軍事産業および航空産業、宇宙産業等は、かなりの後《おく》れを取っていると思われます。

日本がアメリカを追い抜《ぬ》けないように、肝心《かんじん》なところを、全部、アメリカに押さえ込まれていますね。そういうところがあります。

私は、やはり、「発展のためのコスト」として、ある程度の防衛費を考えなければいけないと思います。それを支出する気がないなら、先ほど言ったように、魚雷一発で、この国の経済が破裂《はれつ》したり、場合によっては、ものすごいインフレが起きたりするようなことだってあるわけです。

例えば、北朝鮮《きたちょうせん》のような国は、人命なんていくらでも犠牲《ぎせい》にしますので、「人間魚雷」があると言われています。高性能の武器など持ってはいないので、昔の日本みたいですが、「人間が乗り込んで、運転し、ぶつかっていく」という、そんな魚雷があると言われていますよね。

ああいう国は、人の命など惜しくないんです。人が運転しながら当てるのであれば、それは命中しますわね。タンカーは護衛のための武器を何も持っていませんから、性能が少々悪くても、運転してぶつかっていけばいいわけで、それをやられたら終わりでしょうね。

消費税相当分ぐらいの防衛費は持つべき

だから、「一方的に、軍事的に占領される」というような場合ばかりを考えていてはいけないんです。「軍事的に占領される危険があるから、防衛のための戦力が要る」という考えだけでは間違いです。

ましてや、「軍事的なことにかかわらなければ、平和に貿易を進められる」という考えは、大間違いであるということです。

もし、軍事力に大きな格差があった場合には、「イギリス」対「インド」のように、弱いほうは百年以上たっても豊かになれない関係になるのです。

例えば、今、日本は、「世界の工場」である中国から安く仕入れています。しかし、中国がこのまま軍事拡大をしていき、日本のほうが、全然、手も足も出ない状態になり、しかも、万一、アメリカとの関係が切れるような状況になった場合、中国は、「日本に対してだけは、二倍、三倍の値段で売る」というようなことを平気でやれるわけですよ。分かります?

「軍事力を持っているほかの国に対しては、国際価格で取り引きするが、日本は、過去の悪行《あくぎょう》がたくさんあり、中国を侵略して尊い同胞《どうほう》をいろいろ苦しめたので、日本に対しては二倍の値段でしか売らない」とか、「日本からの輸入品に対しては関税を他の国の何倍もかける」とかいうことも、軍事力に格差があったら本当にできてしまうんです。このへんについて、産業界の人たちは、まったく考えていないと私は思いますね。

要するに、これはガードマンの部分です。別に何もしなくても、ただ一定の数のガードマンが立っていれば、襲われはしないでしょう?　しかし、経済的に安く上げようとして、そういう部分に手を抜いた店などは、やはり、やられてしまいますよね。また、建物を安普請《やすぶしん》したところは、壁《かべ》に穴を開けられて侵入されることもあります。実際に、夜中に穴を開けて入られた宝飾店もありましたね。

そういうことが起きるわけなので、しっかりとした建物や警備員などによって護る必要があるということです。

さらに、今の日本は、高級品に満ち溢《あふ》れ、高度な技術を数多く持っている国なので、軍事力によって防衛ができなければ、産業スパイに技術を盗まれても、まったく無抵抗《むていこう》になりますね。

ただでさえ、中国は、著作権や特許などを無視して勝手に使うような国なので、今後は、もっと重要な技術を盗みに入ってきて、それで儲《もう》けるということが流行《はや》ると思われます。

だから、私は、やはり、一定のコストは払うべきであり、消費税相当分ぐらいの防衛費は持ってなければいけないと思いますね。

A―― 経済原理のなかに、軍事費もきちんと織り込んでいくということですね。

アダム・スミス　そうです。経済原理のなかに入れなければいけないということです。

A――分かりました。ありがとうございます。

2 「神の見えざる手」の真意とは

A―― もう一点、質問がございます。アダム・スミス先生が、生前、おっしゃられた「見えざる手」というのは、世界的に、あまりにも有名な言葉です。

アダム・スミス ええ、ええ。

A―― ただ、昨今、日本では、そうした「見えざる手」や、この考え方から出てくる「競争」というものを、「市場万能《ばんのう》主義」と呼んで、非常に悪いものであるかのように見る傾向《けいこう》があります。

それと同時に、国有化の方向や、労働条件の規制を強める等、競争を制約する考え方が正しいことであり、それが福祉《ふくし》国家であるかのような言論が、マスコミおよび民主党を中心に、いろいろと流されております。

アダム・スミス　うん。

A――　そこで、アダム・スミス先生から、改めて、自由の下《もと》で競争することの大切さや、それが経済発展の原動力になるという点について、ご教示いただければ幸いです。

「経済を理性でコントロールできる」というのは幻想《げんそう》

アダム・スミス　これは本当に不思議なことなんですよ。

レッセフェール（自由放任）で自由にやらせたほうが「神の見えざる手」が動い

て、うまくいくということであれば、教育だって放任教育でいけるし、各企業《かくきぎょう》がバラバラにものをつくって売っていれば、うまくいくことになる。そうすると、一見、政府の機能はなくてもいいように見えますよね。

これに対して、近現代の流れは、人々に教育をつけ、啓蒙《けいもう》社会のなかで、もう少し理性的コントロールを利《き》かせようとするものです。「政治のほうは、一人一票なので愚民《ぐみん》投票もありうるけれども、少なくとも、経済に関しては、そうはさせないぞ」ということで、「一部の賢《かしこ》い経済エリートたちが国の機能を動かせば、うまくやれるんだ」という幻想《げんそう》を持ちたがるわけですよね。

それが、うまくいっていた時期もあります。農耕中心の経済から〝離陸《りりく》〟して、工業に入っていくあたりの時期には、やはり、主導的リーダーがいて、「何カ年計画」などで一定の方向に持っていかないと、うまく成長軌道《きどう》に乗らないことがあるので、それが役に立つことは非常に多いと思います。

特に、重工業の場合には、役人が考えて国家主導で進めていくほうが、うまくいく場合もあります。共産主義国にも、それでうまくいっていた時期があるんです。ただ、その次の段階である第三次産業のウエイトが大きくなってき始めると、これが、非常に難しくなるわけなんですね。市場原理というものがあって、例えば、「財務省のなかでは、ものの値段を決めることはできない」というのと同じ問題が起きるわけですね。

それができるのは、戦争中の統制経済、配給制の場合です。戦争のときは、みな我慢《がまん》しなければいけません。緊急《きんきゅう》事態ですから、戦争の予算を優先し、残りの部分については国家の統制下に置かないと、うまくいかないことがあります。けれども、戦争中ではない時代においては、やはり、うまくいかないんです。

結局、役人には、ものの値段とか数量とかを決めることはできないということですね。現場に近いところでなければ、それは無理だということです。

旧ソ連時代には、どこへ行っても店に品物がなく、人々がものすごい長蛇《ちょうだ》の列で並んでいて、ソーセージ一本を手に入れるのも大変でした。生産する数量が、あらかじめ決められていて、「現場では、ものが足りない」ということ自体が分からなかったわけですね。

旧ソ連などでは、統計に基づいて決めるのかもしれないけれども、その統計自体がいい加減なことだって、けっこう、あるわけですし、政府のやり方に不満を言ったら、すぐに銃殺《じゅうさつ》されたり、シベリア送りにされたりするので、たまったものではないですよね。

これに対して、自由主義経済というのは、お客さまのほうが主導権を握《にぎ》っている世界です。

例えば、日本のコンビニなどでは、「全国の店で、今、何が売れているか」を瞬《しゅん》時《じ》につかんで、足りないものはすぐに供給し、あるいは、その日のうちにつくるということをしますよね。あるいは、弁当でも、一日に三回もつくって配送したり、二十四時間以上たったら捨てたりしていますよね。

こういうことは、役人にはできないことなんです。

そういう意味で、重工業をつくっていくレベルなら、国家主導型でもある程度いけるのですが、次の段階、要するに高度成長経済に入ってきたときには、やはり、それは無理になります。

私は、「個人や企業《きぎょう》の努力が報われる経済原理」を説いた

なぜ、私の時代に、レッセフェールということを言えたかというと、貿易など、商業的なものを、かなり念頭に置いていたからです。

私の生きた時代は一七〇〇年代だけれども、私よりもあとの時代のマルクスは、意外にも、炭鉱労働者の肉体労働を念頭に置いて考えていて、実を言うと、あちらのほうが原始的なんですね。要するに、マルクスは、肉体労働を経済原理の基礎《きそ》にしているんです。

私のほうは、いちおう、貿易などを念頭に置いているので、ある意味で、第三次産業的なサービス産業の世界が念頭にありました。したがって、マルクスと時代は

逆になるのですが、現代の経済には当たってきているわけです。

そういう意味で、「ものの値段や供給数量を一元管理することはできず、それは、各企業《かくきぎょう》など、実際に自分の赤字・黒字に響《ひび》くようなところで考えるのが、いちばんよい」ということですね。

例えば、工場であれば、在庫の山をつくりたくはないでしょう? しかし、国家から割り当てがきたら、やらざるをえないですよね。

やはり、個人個人が、ある意味での責任を持つ、あるいは、小さな企業体まで含《ふく》めて、それぞれの企業体が責任を持つという経済が、「神の見えざる手」の経済です。いいものは、どんどん増えて膨《ふく》らんでいき、大きくなっていくけれども、駄目《だめ》なものは淘汰《とうた》されていくのです。

結果的には、そのほうが良くなります。もし、個人の責任というものをなくして、国家が全部考えて行うようになると、悪いもの、要するに、売れないもの、返品が多いものを、一生懸命《いっしょうけんめい》に保護し始めるんですよ。

国家がやると、そういうことになるわけですね。例えば、国家が「百個つくれ」と言って、つくらせたとします。もし二個しか売れなかった場合、「九十八個分、損をさせたのは申し訳ない。国家がそれを決めたわけだから、九十八個分は、国家が補償《ほしょう》してあげよう」と、こういうことをするわけですよ。

そうすると、国は財政赤字になりますが、企業体のほうは、国が補償してくれるから、創意・努力をしなくてもよくなります。「二個しか売れず、九十八個の返品を受けた」ということに対して、「これでは企業が潰《つぶ》れてしまう。もっと売れるように努力しよう」という企業努力をしなくなる。ここが根本的に違《ちが》うところですね。

A――　日本の農業行政においては、本当に、今、アダム・スミス先生がおっしゃったとおりのことが起きています。

アダム・スミス　そう！　まさしく、そのとおりです。だから、一生懸命にやった人が報われないようになっているんです。
一生懸命に品種改良をしたり、虫に食われないような野菜をつくったり、味のよい作物をつくったりしているところは、全然、保護されず、怠《なま》けて、農業を駄目にした人は、手厚く保護されるかたちになっているわけですね。

A――　はい。本当にそうです。

アダム・スミス　それは、何と言うか、いじめが横行する公立学校に、一生懸命、お金をばら撒《ま》こうとしているのと変わらないですね。

A――　分かりました。アダム・スミス先生の精神というものを、現代の人々にきちんと啓蒙してまいりたいと思います。まことにありがとうございました。

アダム・スミス　はい。君、よく勉強しているね。

Ａ――　いいえ、そんなことはございません。

アダム・スミス　いやあ、「ザ・リバティ」というのは、いい題だ。うん。頑張《がんば》るようにね。

Ａ――　ありがとうございます。それでは質問者を替《か》わらせていただきます。

アダム・スミス　はい。

3 マルクス経済学の間違《まちが》いについて

B――　本日は、ご指導、まことにありがとうございます。ＨＳ政経塾《せいけいじゅく》（政治家・企業家を輩出するための社会人教育機関）の○○と申します。

私のほうからは、マルクス経済学について質問させていただきます。

アダム・スミス　うん、うん。

B――　アダム・スミス先生の没後《ぼつご》、ドイツにカール・マルクスが登場しました。マルクスは、先生が説かれた市場経済や「神の見えざる手」というものを否定し、計画経済をはじめとする社会主義経済を唱えて、世界にその思想を広げました。

アダム・スミス　うん。

B――　そこで、アダム・スミス先生は、資本主義経済を否定したマルクス経済学について、どのように考えておられるでしょうか。

また、マルクス経済学の間違っている点について、ご教示いただければと思います。

「悪いものを押《お》し付け、良いものを圧迫《あっぱく》する」のが統制経済

アダム・スミス　だからね、街を歩いてみたらよく分かるよ。

街を散歩していたら、一年のうちに店がどんどん潰《つぶ》れて、新しい店に入れ替《か》わったりしているでしょう?　フランス料理店が潰れて、インドカレー屋になっていたり、タイ料理の宅配をする店になっていたり、あるいは、クリーニング屋になって

いたりということが、しょっちゅう起きるわけですね。

これは、個人のレベルというか、小さな会社では、よく起きていることですよ。ところが、国家のレベルになると、意地もプライドも見栄もあるので、個人の企《き》業《ぎょう》なら、当然、潰れるものが、「潰せない」ということになり、見栄に見栄を重ねて、〝張りぼて経済〟をつくっていくわけですね。「国がやっているんだから信用せよ」というようなことだね。

これは、言ってみれば、五つ星のフランス料理店が流行《はや》らなくて潰れそうになった場合に、「フランスの文化は世界一であり、フランスの食文化こそ、世界の王者なのだ。フランス料理の価値が分からないようなら、日本人の味覚は狂《くる》っている。日本食を食べる人の気が知れないし、ファミレスなんかに行く人は、みな頭が狂っているのだ」と言うようなものです。

さらに、「アメリカ人には味覚はないし、イギリス人にも味覚はない。また、中《ちゅう》華《か》料理などを食べたら、本当に太るだけだ。だから、フランス料理を食べない人のほうが悪い」という感じで、例えば、国民に一定の頻度《ひんど》でフランス料理を食べるように強制すれば、店は潰れないよね。そうでしょう？

その高級フランス料理店が潰れないようにするために、「この町内に住む人たちは、毎週一回は、必ず、そのフランス料理店で食事をするように」というお達しが、町長や区長などから出されるとする。そのようなものが、統制経済、計画経済に当たるわけですね。

こういうことを、国の経済の規模で行おうとするのだけれども、実際には無理があるということです。

まあ、「善意の逆転」というものがあってね。そういうことを考える人は、実は優しいところもあって、「弱者を救済したい」という気持ちがあるんだけれども、そのノーブレス・オブリージュ（高貴なる義務）の気持ちが、逆に国民を苦しめている面もあるんですよ。

「自分たちは恵《めぐ》まれたエリートなので、弱者を救わなければいけない」と思ってやっている面もあるんだけれども、これは、消費者あるいは顧客《こきゃく》の側からすれば、「悪いものを押《お》し付けて、良いものを圧迫《あっぱく》している」というように見える面もあるんです。

厳しい市場原理のなかでこそ智慧《ちえ》が磨《みが》かれる

実際に、資本主義市場経済におけるいちばんの恐怖《きょうふ》は、「店が潰れるかもしれない」ということですよね。だから、潰れないようにするために、同業他社の研究をしたり、サービスを充実《じゅうじつ》させたりして、みな必死で努力している。それによって、顧客にとっては、より良い状態が生まれるわけなんですね。

企業のほうは大変ですよ。彼らにとっては、競争のない世界がいちばんいいですよね。

例えば、外食の店が、ラーメン屋一軒《いっけん》しかなければ、みな、ラーメンを食べる以外に方法はありません。

それで、ラーメン屋のおやじが勘違《かんちが》いをして、「ラーメンは日本人のいちばん好きな食べ物なのだ」と思い込《こ》むかもしれないけれども、ラーメン屋の横に、そば屋ができ、そば屋の横に、うどん屋ができ、その横に、パン屋ができるようになっていくと、どこかで過当競争が起きて、弱いところから潰れていきますよね。

一見、それは気の毒だし、潰れることは悪であるかもしれないけれども、その悪のなかに善が含《ふく》まれているわけなんです。不要なものを淘汰《とうた》していく力が働いているということですね。

倒産《とうさん》は悲しいことだけれども、今の日本では、社長になろうと思えば誰《だれ》でもなれるんでしょう？　株式会社は一円でもつくれるんじゃないの？　ねえ。誰でも会社をつくれて、社長を名乗ることができる。「自分は〝宮仕《みやづか》え〟が嫌《きら》いだから、大会社には勤めたくない。独立して社長を名乗りたい」という人は、簡単に会社をつくり、社長の名刺《めいし》を刷ることができるけれども、やはりうまくいかず、会社が潰れてしまったりする。

厳しいけれども、それは、「自らの『分《ぶん》』がどういうものか」ということを示してくれているわけですね。

マルクスの考え方のなかには、自分自身を「弱者」と捉《とら》え、世の中の弱者に対する共感の部分はあったと思います。そういう、本来、宗教が持っているような部分はあっただろうとは思いますね。

けれども、現実の政治経済の運営においては、合理性が必要とされるがゆえに、宗教的な慰《なぐさ》めの世界とは少し違ったものがあるんです。そのため、弱肉強食の厳しい市場原理のように見える面もあるけれども、やはり、そのなかで智慧《ちえ》が磨《みが》かれていることは間違いないですね。

誰でも、やろうと思えば商売を始めることはできます。あなただって、ラーメン屋をやろうと思えばできるでしょう。しかし、あなたのラーメン屋が、店を開いてから一年間も続いているようだったら、日本のラーメン業界はあまり大したことはないですよ（会場笑）。普通《ふつう》は潰れるはずです。

もし、競争がないのであれば、あなたは、インスタントラーメンを買ってきて、麺をほぐし、器に移して客に出すだけでも、ラーメン屋としては食べていけるはずです。しかも、「赤字が出たら、その赤字を国が補塡《ほてん》してくれる」ということであれば、あなたにとっては、まことに結構な世界ですよね。非常に優しい国だし、国民も非常に善意に満ちた人たちのように見えますよね。

けれども、現実は、人々には、「おいしいものを、もっと安く食べたい」という気持ちがあるから、競争してくれたほうがありがたいんです。そのため、「あのラーメン屋は、やっぱり潰れたか。別の流行《はや》っている店では、二十四時間もかけて豚《とん》骨《こつ》から出汁《だし》をとっているし、ほかの店では、スープに隠《かく》し味を入れているからね」などと言われたりします。

流行っている店には、やはり隠れた努力があるわけですよ。そういう店には、客は何度も繰《く》り返し行くけれども、隠し味のないあなたの店からは客が離《はな》れていくでしょう。あなたからすれば、同じラーメンなのに、まことに不公平に見えるかもしれない。そこで、「うちは値下げをするぞ」と言って値段を下げたら、また赤字が広がったりしますね。

そのように、経営が下手だと倒産することになるわけです。

実に厳しいけれども、自分の仕事の適正な判断というか、「自分がいい仕事をしているかどうか」の判断は、本当は自分自身でできるものではなく、やはり、マーケットの評価、お客さまの総合的評価によって決まるものなんです。

マルクス主義には、「利益」に対する徹底的《てっていてき》な憎悪《ぞうお》がある

今、日本の国の経済運営という面で政府の仕事を見ると、やはり、そのなかにいる人たちに、マルクス経済学的な考え方がそうとう入っていると思われます。

だから、お金がなくても、ばら撒《ま》くようなことを平気でしますよね。私も知っていますが、今の政府は、一方では「ケチケチ運動」をやっていて、去年、事業仕分けをやって何千億円かを削《けず》り、さらに第二の仕分けに入っています（収録時点）。

けれども、彼らの考え方のなかに入っているのは、基本的にマルクス主義だと思うんです。

マルクス主義のなかには、やはり、「利益を出すことは悪である」という考え方が入っているんですよ。それは、マルクス自身が悪いんです。彼自身が、あまり儲《もう》けることができない人たちに共感するのはいいとしても、だからといって、「儲けているやつらは、みな、人を踏《ふ》み台にして利益を絞《しぼ》り取った悪人ばかりだ」という考え方は間違っています。

マルクスは、働かなくてもお金が入ってくるような、先祖代々の大地主のような人のことを考えていたのかもしれません。イギリスの貴族などはそうですよね。彼らは、ぼんくらでも優雅《ゆうが》な生活ができ、舞踏会《ぶとうかい》をやったり、飲み食いが自由なパーティーばかりやったりしている。

かたや、炭鉱で、石炭を掘《ほ》り、トロッコをひいている人たちがいる。「あまりにもかわいそうだし、ひどすぎるのではないか。神がいるなら、こんな不幸は許されるはずがない」と考えたわけですね。

ジャーナリスティックな批判としては、当たっている面もないわけではありません。「人間に、あまりにも差がありすぎる」という批判は、当たっていないわけではないんだけれども、その逆に、「努力・精進し、あるいは、智慧を発揮して頑張《がんば》っている人たちが、正当に評価されない世界というのが、どれほどつらいものであるか」ということも言えるわけですね。一生懸命《いっしょうけんめい》に努力しても報われない世界というのは、これもまた地獄《じごく》であるということです。

例えば、入学試験を突破《とっぱ》しようと一生懸命に勉強していても、結局、「受験番号をくじ引きして、合否を決める」ということになったら、もうやる気がなくなって、勉強する人はいなくなってしまいますよね。いくら努力しても、「公平さを保つために、サイコロを転がして合否を決める」などと言われたら、やる気がなくなります。それと同じことです。

不公平なところがあるのは分かりますよ。受験で言えば、「あいつは、いい塾に通えたが、自分は通えなかった。お金があっていい塾に通えた人は有利ではないか。だから、そこまできちんと調べて、ゴルフのようにハンディをつけて、それを点数に換算《かんさん》し、十点分ぐらいあいつの点数を引いてくれ」というような意見が出るかもしれません。

さらに、ずっと極端《きょくたん》まで行けば、最終的には、サイコロを転がして、受験番号を選んで合否を決めるところまで行くんですよ。「これなら、誰も文句を言えないだろう」ということなんでしょうが、やはり、どこかがおかしいわけですね。

生まれてから培《つちか》ってきた才覚や智慧、あるいは努力の部分を無視したら、やはり、この世に生きる意味がなくなってしまうということです。

最近の事業仕分けにおいても、地方自治体がやっている宝くじ事業について、「利益の処分に関して不明瞭《ふめいりょう》なところがある。売り上げの半分以上の利益が出ているのは、公益事業としては、あやしい」ということで、その宝くじ事業を中止しようとしているらしいじゃないですか。これはもう、〝お上《かみ》〟のほうに利益の概念《がいねん》がないことがはっきりしていますね。

公益事業で利益が出るなら、その分、税金は少なくて済むのですから、ありがたい話なんですよ。その利益の部分で、役人の給料などを吸収してくれたほうが、実際はありがたいんです。利益が出なかったら、税金をもっと取らなければいけなくなるわけなので、国民は苦しくなります。

こういう基本的な考え方がないんです。利益に対する徹底的《てっていてき》な憎悪《ぞうお》、憎《にく》しみが、マルクス主義のなかにはあると思います。

だから、最終的に、この経済学は成功しないんです。

レッセフェールのバックにある理念は「神の望まれる繁栄《はんえい》」

レッセフェール（自由放任）の思想は、ただ自由に放任し、人々を堕落《だらく》させることを目指しているわけではありません。自分にいちばん利害関係があるのは自分自身なので、やはり、自分自身を護り、伸《の》ばしていくことに、人間は、生きがいを感じるものなのです。

例えば、会社の社長であれば、会社を大きくすることに生きがいを感じます。それが、本来の経営のあり方です。そういう倫理《りんり》が、レッセフェールの裏に入っているんですよ。だから、「倫理なき自由放任」ではないんです。「学業を放擲《ほうてき》して、暴走族になる」というような自由放任ではないんです。

そうではなくて、「神の見えざる手」と言っているように、一定の理念、要するに、「神の望まれる繁栄《はんえい》」というものがバックにあって、その上で、各人の創意工夫による自由性を担保するということなんです。

現代にその思想を持ってきたらどうなるかといえば、「やはり、いろいろな、よろしくない規制、個人の創意工夫を止めるような規制を、できるだけ、はずしていくことが大事だ」という考えになっていくでしょうね。

B――　ありがとうございます。

4　中国経済のバブル崩壊《ほうかい》の可能性

Ｂ――　次に、中国経済の将来性と、バブル崩壊《ほうかい》の可能性について、お伺《うかが》いいたします。

第二次大戦後、中国共産党は、マルクスの社会主義思想をもとに革命を起こし、中華《ちゅうか》人民共和国を建国しました。その後、一九八〇年代から九〇年代にかけて、国内の政治と経済を緩《ゆる》やかに分け、政治においては、一党独裁体制を保ちつつ、経済においては、一部に資本主義経済を取り入れ、経済の拡張をしてきました。

そして、今年中には、ＧＤＰで世界第二位になると言われるところまで来ています。しかし、一方で、この中国経済は、今後、矛盾《むじゅん》が露呈《ろてい》してバブルが崩壊するのではないかという論調もあります。

アダム・スミス先生は、今後の中国経済のバブル崩壊の可能性を、どのようにご覧になっておられるでしょうか。もし崩壊するとしたら、それは、いつ、どのようなきっかけで起こるのかということについても、ご教示いただければと思います。

「情報入手の自由」がなければ市場経済は成り立たない

アダム・スミス　中国が、今、いちばん恐《おそ》れていることは、旧ソ連のようになることですよ。だから、ゴルバチョフの失敗を繰《く》り返さないようにしようと、一生懸《いっしょうけん》命《めい》にやっているんですね。

ゴルバチョフだって、ソ連邦《れんぽう》の初代大統領に就任したときに、西側入りするつもりでいたんですよ。本人は、西側の欧米《おうべい》諸国と肩《かた》を並べて、「自由主義化したソ連」を維持《いじ》するつもりでいたんですが、まさか、あんなにあっけなく崩壊するとは、実は思っていなかったようです。

なぜソ連邦は崩壊したのか。実は、彼の思想自体のなかに、その崩壊の芽はすでにあったんですね。その崩壊した原因を突《つ》き詰《つ》めていくと何があるか。結局、彼は、グラスノスチ（情報公開）ということをやったわけです。

自由な経済をつくるためには、「情報入手の自由」がなければならないんですよ。情報が統制されていたのでは、地下経済しか発展しないし、あるいは、政府公認の経済しかできないことになるのです。

そうすると、基本的に、経済は国有化、国営化せざるをえないわけですね。したがって、官僚《かんりょう》の経済原理が機能している範囲内《はんいない》ではうまくいくけれども、それが機能しなくなる時点、機能不全を起こす時点が、必ず来るんですね。

官僚の経済原理は、農業国から工業国へテイクオフ（離陸《りりく》）する段階においては、ある程度、機能します。中進国になるぐらいまでは機能するのですが、中進国から先進国に入っていく段階で、機能しなくなるときが来るんです。

先進国になると、知識や情報をベースにした「智慧《ちえ》の経済学」に移行していくんですね。そして、智慧をつくるためには、「情報交換《こうかん》の自由」「情報入手の自由」が必要になるんです。市場経済にとっては、それが必要になるので、今、「経済がうまくいっている」と思っていても、本当はもう、中国には限界が来ています。

最近、中国では、グーグルと中国政府との衝突《しょうとつ》や、国内の暴動に関する報道管制など、いろいろな問題が出ています。二十年前の天安門《てんあんもん》事件でも、天安門広場でのデモに対して戦車を出し、同胞《どうほう》たちを殺戮《さつりく》していくシーンをＣＮＮ等で流されたため、「中国というのは、こんなに非近代的な国である」ということが分かってしまいました。

そのため、一切、そういう情報が流れないように、情報警察がものすごく発達して、取り締《し》まっているわけです。

しかし、これは敗れると思います。要するに、グーグルが勝つということです。グーグルやマイクロソフトのほうが中国政府に勝つ世界が来るということですね。

情報が自由に取れなければ、世界レベルでの、グローバル・ネットワーク下での経済を起こすことは不可能なんです。「世界各地で、今、何が起きているか」ということが、刻一刻、分からなければ、今の経済は成り立たないんですね。

だから、この「情報入手の自由」、あるいは、情報公開という部分で、中国には、おそらく崩壊が起きると思われます。

中国の政治体制は、先進国に移行した段階で崩壊する

その崩壊が起きる時期は、自分たちがピークを極《きわ》めようと思っている、まさしくそのころだと思われます。もう一段の欲が出たときに、崩壊するはずです。

中国では、知的財産権の保護というものも十分にないでしょう？　だから偽物《にせもの》が出回るわけです。ブランドものなどのコピーが、いくらでも出回っていますが、それは、ブランドの持つ「智慧の価値」というものが十分に理解されていない証拠《しょうこ》です。

ただ、国民一般《いっぱん》のレベルでは、日本をはじめ、いろいろな外国へ行って買い物をしているうちに、偽物の海賊版《かいぞくばん》と本物のブランドとの違《ちが》いが分かってきつつありま

す。

国民のほうに、少しずつ少しずつ、西側の価値観が入ってきているので、経済と政治を分離しようと強圧を加えたとしても、経済を国家の統制下に置くことには限界があるのです。良い物を買おうとしたら、基本的に、情報が自由に手に入らなければ無理なので、経済の規模が一定以上に大きくなったら、必ず限界が来ます。

中国の経済規模が大きいのは、国が大きく、人口も多いためであって、まだ本当の意味での先進国にはなっていないのです。今は、「もうすぐ先進国に移行しよう。先進国の入り口に立とう」としている段階です。この先進国のレベルに入ったときに、崩壊が始まるはずです。

それは、政府の機能の崩壊です。各種の暴動を、今、軍部で押《お》さえ込《こ》んでいるところですが、これが国全体に知れ渡《わた》ってきたら、統制が利《き》かなくなっていきます。

「政府が、経済の発展をあきらめてでも統制下に置くか、それとも、大金持ちになった人たちを見て我慢《がまん》できなくなっている国民側が、欲に釣《つ》られて押し切ってしまうか」という戦いが、これから起きるわけですね。

ですから、これからの十年は、日本でも「危機の十年」と言っているけれども、実は、中国にとっても「危機の十年」なんですね。「大中華帝国《ていこく》」を夢見ながら、その夢が破れるかもしれない十年でもあると思います。

ある意味で、豊かになる速度が速ければ速いほど、崩壊も早くなるのです。本当は、もう少し成長速度を落として緩やかなものにしたほうが、今の政治体制は長持ちするのですが、十パーセント成長など続けていたら、絶対にもたなくなりますね。まもなく崩壊するはずです。

彼らはショックを受けるでしょう。そして、「資本主義的発展の裏には、宗教に代表されるような、神を信じる心や、倫理観《りんりかん》というものがあるのだ」ということや、「情報入手の自由、情報交換の自由なくして、第三次産業国家への移行はできないのだ」ということを、彼らは知るようになるでしょう。

中国を崩壊させる三つの要因

今、中国は、軍事力を拡大し、軍部が非常に大きくなっていますが、あれには、まだ「重商主義国家」の考えが残っているんですよ。要するに、「軍事力を拡大して、お金を持っている国や資源を持っている国を攻《せ》め取ったら、豊かになれる」という考えです。

軍事力をお金に換《か》えるいちばん簡単な方法は、例えば、石油が出る所や、鉄鉱石が出る所、金やダイヤモンドが出る所、あるいは、食糧《しょくりょう》が豊富な所の領土を奪《うば》い取ってしまうことです。そうすれば、巨額《きょがく》の軍事費が回収できるわけですね。

しかし、それは、六十数年前に、日本がやって失敗したことです。また、ヨーロッパ列強によるアフリカの植民地経営も、実際はほとんど失敗したんです。植民地時代に、アフリカの国々は豊かにならなかったですね。それに、収奪ばかりした自分たちの国も、結局は、豊かにならなかった。

本当に豊かになりたかったら、相手国も発展させなければいけないんです。そうしないと、相互《そうご》に、スパイラル（らせん）的に、豊かになることはできないんですね。自分たちのことだけを考えていては、豊かにはなれないのです。

今の中国の政府当局は、極めてエゴイスティックなものの考え方を持っているので、相手国の利益や発展を願っているとは思えません。「自分たちの利益だけを護る」という自己保存的なことしか考えていませんね。

したがって、チベットを取り、モンゴルを取り、ウイグルを取るということをやってきたわけですが、今後も、彼らが経済的・軍事的に大きくなるために、近隣《きんりん》諸国を侵略《しんりゃく》していく方向に行くならば、この国家は、必ず神の怒《いか》りに触《ふ》れることになるでしょう。

その豊かさは、やがて、敗北の痛みに変わっていくはずです。かつて、日本が味わったのと同じような痛みを味わうはずですね。

私の予想ですが、中国は、おそらく、次に挙げるいずれかの理由によって崩壊します。

一つは、内部からの圧力です。要するに、情報公開や、政治的な民主主義化、透《とう》明化《めいか》への圧力によって、内から崩《くず》れる場合です。もちろん、それを弾圧《だんあつ》しようとして流血を見るでしょうが、逆に、内乱が拡大してしまい、欧米諸国等が関与《かんよ》してくるというかたちで敗れていくでしょう。

もう一つは、夜郎自大《やろうじだい》型というか、自分たちの力へのものすごい過信です。「日本やアメリカなど、もはや敵ではない」と思って、軍事拡張をして戦争に及《およ》び、実際に戦ってみて、初めて「科学技術力の差が、どれだけあるか」を知ることになるでしょう。

国内では都合のいい報道しかしていないので、中国国民も、中国の実際の力がどの程度なのかを、正確には知らないんですね。外国については、「脅威《きょうい》である」とか、「悪い国だ」とかいうような情報だけを流し、自分の国については、いいことだけしか言いません。

これは、第二次大戦中の日本と、ほとんど一緒《いっしょ》ですね。しかし、これでは、彼我《ひが》の戦力比が分からないんですよ。

今のアメリカ軍であれば、それこそ、中国の国家主席が休日に休んでいる別荘《べっそう》の寝室《しんしつ》を、真上から爆弾《ばくだん》で撃《う》ち抜《ぬ》くぐらいの技術があるわけですよ。胡錦濤《こきんとう》主席が、たまに休みを取って、車列をつくって別荘に行き、ぐっすり眠《ねむ》っている丑三《うしみ》つ時に、その寝室を、真上から爆弾で撃ち抜くだけの技術を持っているのです。

「こんな国と、旧式の兵器で戦って勝てるはずがない」ということが、まだ、本当は分かっていないんですよ。

だから、中国が実際にアメリカと戦争をしたら、イラクのような、ぶざまな姿をさらすはずです。軍隊が何人いようと、戦車が何台あろうと、戦闘機《せんとうき》が何機あろうと、ミサイルが何基あろうと、技術の違いによる武器効率には、もう、「マシンガン」対「弓矢」ぐらいの差がやはりあるわけなんですね。

だから、不遜《ふそん》な態度を取った場合、彼らはこれを経験する可能性があります。もう少し自分たちのプライドを下げて、国際社会のなかに入っていこうとしなければいけないと私は思いますね。

それから、第三の要因としては、ＢＲＩＣｓ《ブリックス》と言われているような、ほかの発展している国の影響《えいきょう》がありますね。今、ブラジル、ロシア、インド、その他、発展してきている国がたくさんあるので、次には、こうした国々がライバルとして立ちはだかってくる可能性があります。

中国が日本のレベルまで行くには、あと三十年かかる

まあ、日本では悲観論が強いので、非常に弱気になっていると思います。軍事的な問題をクリアしなければいけないし、経済的にも、今は、そんなに調子がよくはありません。

しかし、どう見ても、日本のポテンシャルそのものは、中国と比べてワンゼネレーション（一世代《ひとせだい》）、三十年ぐらいの差はあります。中国が今の日本のレベルまで

行くのに、どうしても、あと三十年はかかりますね。

中国は、いいところだけを外国に見せていますが、本当に日本のレベルまで行くには、最速で三十年かかります。それを知らないで無謀《むぼう》なことをした場合には、反作用が来ると思いますね。

もちろん、今の時代は、国家対国家の戦いでも、片方が完全になくなるまで戦うようなことはしないと思います。しかし、例えば、今、中国がアメリカと戦争状態に入ったらどうなるかということですが、間違いなく、中国は、一カ月以内に降伏《こうふく》するだろうと思います。

彼らは、「アメリカも狙《ねら》える」という自慢のミサイルをたくさん持っていますが、その位置はアメリカに全部把握《はあく》されているんです。グアムからアメリカのステルス戦闘機が飛んできて、一気に、全部叩《たた》いてしまうので、あっという間に戦闘力が奪われてしまいます。

そして、アメリカは、情報機能のところを、一日で全部破壊していきます。中国は、縦のラインで情報を統制しているので、この情報機能を全部破壊されてしまうと、まったく情報が届かなくなり、軍部が動けなくなってしまいます。

まずは、いちばん危ない核《かく》ミサイルの部分から破壊が始まり、次に、政府の要人へのピンポイント攻撃に入ります。最初の一週間ぐらいで、中国の重要な軍事機能はほとんど失われてしまいます。完全に戦意を失わせるのにかかる時間は、約一カ月です。

だから、今、アメリカと戦えば、中国は一カ月で降参するはずです。そのくらいの戦力の差があるのですが、その武器効率の差を十分に計算できていないところがあります。

北朝鮮《きたちょうせん》ともなると、もっと時代遅《おく》れでひどい状態です。だから、この国は、変なことをすれば滅《ほろ》びるでしょうね。そうなると思います。

まあ、そういう「読み」です。

B――　ありがとうございました。アダム・スミス先生から賜《たまわ》りました教えをもとに、今後、日本と世界の経済繁栄《はんえい》を実現してまいりたいと思います。

それでは質問者を交替《こうたい》させていただきます。

5　経済学と宗教倫理《りんり》との関係

C――　本日は、このような貴重な機会を賜《たまわ》り、本当にありがとうございます。私は、月刊「ザ・リバティ」の編集部で、主に経済関係の記事を執筆《しっぴつ》させていただいております。

私からは、経済学と、道徳や宗教との関係についてお伺《うかが》いしたいと思います。アダム・スミス先生は、生前、道徳哲学《てつがく》の教授をしておられたと思います。

アダム・スミス　うん、うん、そうだね。倫理学《りんりがく》をやっていました。はい。

C――　その後、経済学は、緻密《ちみつ》な方向に発展したことは確かですが、いわゆる、哲学的なものや道徳的なもの、宗教的なものと、切り離《はな》されていくような方向で発展していったように思います。

そのため、私たちが、宗教の立場から経済の話をすると、世間の人たちには、やや違和感《いわかん》を持って迎《むか》えられるような状況《じょうきょう》もあります。

しかし、本来、経済学というものは、人間の幸福を実現するために考案された学問であるはずです。そこで、経済学に必要な道徳哲学、宗教倫理について、改めて、ご教示いただければと思います。

古い宗教では経済倫理が十分に説かれていない

アダム・スミス　まさしく、それが、あなたがた新しい宗教の使命だと私は思いますね。

キリスト教圏《けん》も、今、経済的に非常に繁栄《はんえい》しているけれども、その裏には罪悪感を持っていますよ。キリストの教えを『聖書』で読むかぎり、「金持ちは天国に行けない」と、はっきり書いてありますから（笑）。

金持ちは天国に行けないにもかかわらず、現実には、金儲《かねもう》けに励《はげ》まなければいけないので、休みの日には、一生懸命《いっしょうけんめい》に贖罪《しょくざい》しているわけです。基本的には、教会に寄付をして、「許してください」と祈《いの》る以外にないし、また、そうした贖罪思想が、大金持ちが財団などをつくり、いろいろな社会福祉《ふくし》事業等に乗り出していく理由の一つになっていると思います。

そういう意味で、宗教から出ている「金儲けは悪だ」という思想が、そのようなかたちに変化して生き延びているのだろうと思います。

やはり、教えには時代性というものがあるので、足りないところはあったと思うんですよね。イエスがキリスト教を説いたユダヤの国は、当時のローマの属国であり、最後は、やはりローマに滅《ほろ》ぼされたわけでしょう?

現代において、そういうことが起きてはいけないので、今、霊言《れいげん》というかたちで、一生懸命に話をしているわけですが、当時のローマの軍事力は、今のアメリカのようなものだったのであり、ユダヤの人たちが一生懸命に頭を低くしているうちはよかったけれども、反乱を起こしたために、最後は攻め滅《せ》ぼされてしまったということですよね。

ユダヤの人たちは、おそらく、自分たちの政治的リーダーを求めていたのだと思います。メシアというのは、本当は、「霊的にも政治的にも目覚めた人」のことであり、「神の声を聴《き》けて、政治的リーダーにもなれる」というモーセのような人のことを言うのです。

そのようなリーダーを求めていたのに、イエスがそういう人ではなかったため、彼を処刑《しょけい》までしてしまったわけです。要するに、カリスマ的なリーダーをつくることができなかったということですね。

イエスの弟子《でし》たちのなかには、当時、独立運動を一生懸命にやっていた「熱心党」の人たちもいました。イエスを裏切ったユダには、悪魔《あくま》が入ったという説もあるけれども、彼は、その熱心党という政治団体の党員だったとも言われています。

ユダヤでは、そういう政治運動をしていたけれども、結果的には、ローマに敗れたわけです。

あるいは、韓国《かんこく》でいうと、安重根《あんじゅうこん》が独立運動を起こし、伊藤博文統監《いとうひろぶみとうかん》をハルビン駅頭で射殺しましたが、それで独立ができたかと言えば、逆に日本に併合《へいごう》されてしまいましたね。余計なことをして、その後、三十五年も国が併合されることになってしまいました。そのように、独立運動にも良し悪しがあって、失敗したら国が滅びることもあるんですね。

そういうことが、当時のユダヤでも起きたわけです。反乱がたくさん起きましたが、軍事力に圧倒的《あっとうてき》な差があり、すべてローマに制圧されてしまったのです。ユダヤのほうは、最初から〝刀狩《かたなが》り〟をされていたので、戦う兵力がほとんどありませんでした。ローマは、自分たちの言うことをきく者に自治権を与《あた》えて統制していたので、そういう地下結社ぐらいの力では、とても勝てるような状況ではなかったということですね。だから、ユダヤの国が滅びた背景には、軍事力がなかったことと、経済力がなかったことの、両方があるわけです。

キリスト教は、そういう貧しい時代に説かれた宗教であり、属領であった時代に説かれた宗教でもあるので、経済に関しては十分ではないところがあると思うんです。

一方、仏教にも同じようなところがあります。仏教は、貧しい出家者の集団によって説かれた宗教だったので、最初は経済原理を否定していましたね。

現在では、「お寺は、お金儲けをしすぎる」という批判もあるわけですが、もとは、金貨に触《さわ》ってもいけないというぐらい、お金を「穢《けが》れ」として考えていて、言わば仙人《せんにん》のような生活をしていたわけですね。

しかし、その後、社会と適合しなくなったため、考え方が変わっていくわけです。中国に仏教が伝わると、自給自足経済のようになって、僧院《そういん》が田畑を耕し、自分たちで作物をつくったりするようになりましたが、これは、釈迦《しゃか》当時には禁止されていたことなのです。「自給自足はよいのではないか」と思うけれども、これも禁止されていたことなんですよね。

田畑を耕せば、生き物が死にますからね。ミミズや、その他の生き物が死ぬから、農耕は禁じられていたし、それから、ジャイナ教徒は商業をやりますが、釈迦教団では、利益にかかわることも禁じられていたので、商業もできなかったということがあります。

そのように、古い宗教が説かれたときには、時代的な制約があって、経済倫理のもとになるものが十分に説かれていないんです。

経済原理と正しい職業観を融合《ゆうごう》させよ

その後、ユダヤ教は迫害《はくがい》され、ディアスポラ（離散《りさん》）といって全世界にユダヤ人の難民が流れていきましたが、国がない人たちにとって頼《たよ》りになるものは、お金か、あるいはダイヤモンドや金《きん》など、お金に換《か》わる宝石や貴金属しかありませんでした。

そこで、彼らは、現金をそういう貴金属などに換えて、いつでも持って逃げられるようにしていたのです。現金の束を背負っては逃《に》げられないので、ダイヤモンドか何かに換え、指輪などにしていたのです。これなら全世界共通の財産になるので、そういうかたちにして、ユダヤ人たちは財産を護っていたわけです。

つまり、宗教として負けたほうが、経済原理を起こしたということです。西洋の経済原理のなかには、実は、負けたほうのユダヤ人たちの教えが入っていると思われるんですね。

幸福の科学が世界宗教になるに当たっては、そうした経済原理と、人間としての正しい職業観というものを、やはり、きちんと融合《ゆうごう》させなければいけないだろうと思います。これをやらなければいけません。

今は、逆に、国家のほうが財政赤字になり、〝宗教〟になろうとしているわけですよ。赤字で食べていけなくなり、潰《つぶ》れそうなので、国民に〝お布施《ふせ》〟を求めているような状況になっています。

国家が、基本教義として「友愛」を説き、「赤字がたくさんあるので、お布施をいただきたい」とお願いするような立場になって、〝宗教化〟してきています。一方、宗教である幸福の科学のほうは、新興企業《きぎょう》のように、新規事業をいろいろとやっているような状況になっています。

そのように、ちょっと逆転しているところがあるので、社会的に見て、何だかクラクラするような感じがあるかもしれませんね。

ただ、将来のニーズというか、幸福の科学が世界宗教になっていくことを考えると、これまで裏側にあって後ろめたいものであった、経済原理や豊かさの原理などを、表側に出してやる必要があるのです。そうしないと、クリスチャンたちも気の毒ですしね。

イスラム教圏《けん》には「貧しさの平等」が広がっている

また、アラブのほうも、イスラム教が広がっているところは、実際は貧しい地域ばかりで、ある意味で、イスラム教が共産主義の代替物《だいたいぶつ》になっている面があります。

アッラー一人だけが偉《えら》くて、あとはみな平等の世界であり、結果的には、ほとんど「貧しさの平等」になっていますよね。

貧しいからこそ、アッラーだけの一人神《ひとりがみ》で済んでいるわけです。もし、貧しさから抜《ぬ》け出して、豊かになり、偉くなる人が出てくると、このアッラーの下《した》に、高《こう》級神霊《きゅうしんれい》がたくさん出来上がってくるわけですよ。

豊かになれば、基本的には、そのように、神近き人がたくさん出てくることになるのですが、今のイスラム教は、やや全体主義に置き換えられるようなスタイルを持っていると思います。

ただ、一部の産油国等に関しては、大富豪《だいふごう》もいるので、全部が貧しいとは言えませんが、イスラム教が広がっているところは、ほとんど貧しい地域ばかりですね。そのため、全体主義的な傾向《けいこう》はここにもあります。

イスラム教の経済原理についても、やはり時代性の問題があります。例えば、「利子を取ってはいけない」という教えがあるので、イスラム系の銀行では利子を取れず、苦肉の策をいろいろ使いながらやっています。そのため、西洋社会のルールには完全に入れずにいますね。

これは、やはり、原始的な時代の考え方です。マホメット（ムハンマド）は聖徳《しょうとく》太子《たいし》とほとんど同時代人でしょうけれども、その時代の日本では、国家の税金として、「租《そ》・庸《よう》・調《ちょう》」というものがありました。穀物だの、布だの、海産物だの、いろいろなものを物納してもよかったのでしょうが、そのような税制が、いまだに生きているような状況に近いかもしれませんね。

そういうことがあるので、あなたがたの経済原理も、ある程度、幅《はば》があり、包容力があって、将来的に発展可能性がある形態にしておいたほうがよいと思います。時代が変わったときに、ネックになるといけないのでね。

幸福の科学は、この経済原理のところと、神の倫理のところを併《あわ》せることができたら、ある意味で、世界性を持つ可能性があると思いますね。

C――　「富を肯定《こうてい》する宗教思想によって、経済学を組み直す必要がある」という趣旨《しゅし》で受け止めさせていただきました。

アダム・スミス　けれども、要するに、過去の「マモンの神」のような言われ方をされないために、「その富と正義とが結び付かなければいけない」ということが、もう一つあるわけですね。

C――　はい。

6　来《きた》るべき「新しい経済学」とは何か

C――　今の質問とも重なるのですが、未来の経済学として、私たちは、「理念経済学」というものをつくっていこうとしています。「自由化を進め、『小さな政府』を志向していく」という流れのなかで、来《きた》るべき「新しい経済学」というものを、どのように考えていけばよいのでしょうか。

〝安売り合戦〟を続けると最後は共倒《ともだお》れになる

アダム・スミス　今、日本がデフレ経済に入っているということは、ある程度、みなさんもご存じかと思います。

そのため、各企業《かくきぎょう》は、「どうやって値段を下げるか」ということで、しのぎを削《けず》っています。よそよりも安い値段で仕入れたり、つくったりしたところは、売り上げを増やし、シェアを取れて、多くの店舗《てんぽ》を出せて、規模を拡大できるけれども、それに後れを取ったところ、値段の高いところなどは、潰《つぶ》れたり、撤退《てったい》したりしているのが現状ですよね。

今、デフレ下における安売り合戦が続いていますが、これは過渡期《かとき》であると見たほうがいいと思うんです。

このままいくと、最終的に、全部、共倒《ともだお》れになるのは明らかなんですよ。消費者にとっては、どんどん値下げされていって、最後はタダになるのがいちばんいいわけですからね。

一時《ひと》代前に、ダイエーというところが、「物価二分の一革命」ということを掲《かか》げて安売り合戦をやったことがあります。しかし、理論的に見たら、「物価を二分の一にする」ということと、会社の発展とは、どこかで合わなくなってくるわけですね。

「物価二分の一革命」と言うと、いかにも庶民《しょみん》の味方のような哲学的《てつがくてき》テーゼ（方針）に聞こえますが、これは、結局、同業他社を潰すための〝哲学〟であったと思うんです。そして、同業他社が全部潰れたあと、どうなるかと言うと、「そのあとは、自分のところだけで、値段をどうにでも変えられる」と思っていた節《ふし》がありま
す。

安売り合戦は、敵を倒していくための〝哲学〟としては使えるけれども、今はかなり大きなチェーン店が多いので、ライバルを潰していくときに大量の失業者が出てくると思われます。

デフレとは、先行き、ものの値段がどんどん下がっていくということでしょう？だから、デフレの時代には、現金を持っているほうが有利になるんですよ。ものを買わないで、現金で持っているほうが有利な時代なんです。

インフレの時代だったら、お金の値打ちがなくなっていくので、必要なものは早く買ったほうがいいわけです。値段が上がる前に、土地を買ったり、マンションを

買ったり、家を建てたりしたほうがいいということになります。

そのように、インフレの時代には投資が進むのですが、デフレだと、「将来的にはものが安くなるから、今は使わずにキャッシュを持っていたほうがいい」ということで、お金の使い渋《しぶ》りをするわけですね。

そこで、安売り合戦がどんどん進んでいくのですが、人々がお金を使わないために、結局、お金が十分に循環《じゅんかん》しなくなるのです。

したがって、このまま安売り合戦を続けていくと、最後は血で血を洗うような醜《みにく》い戦いになっていき、従業員が万単位や十万単位もいるような大企業や、多くのチェーン店を持った企業体などが、巨象《きょぞう》のごとく倒れていくシーンが数多く出てくるはずです。

高付加価値の商品をつくり、お金の回転速度を上げよ

そうなると、「そのまま倒産《とうさん》させるわけにはいかない」ということで、国が税金

をたくさん投入して救済しなければいけなくなり、国の財政赤字はますます解消しない状態になっていきますね。

そのように、「デフレスパイラル」による〝悪の循環〟が起きる可能性があるのです。これに対しては、やはり、人々がお金を使うようにし、お金の回転速度を上げる方向に持っていかなければなりません。そのためには、安売りとは逆に、「智《ち》慧《え》を込《こ》めた高付加価値の商品」をつくり出す方向にエネルギーを注がなければいけないのです。

デフレから脱出《だっしゅつ》するには、今までこの世になかったものをつくり出し、発明していくことが大事です。詐欺性《さぎせい》のあるいかがわしい金融《きんゆう》商品のようなものをつくるのではなくて、新しい智慧が入ったもの、今までにない便利なものをつくっていくことに、企業はエネルギーを注ぐことが大事です。

やはり、努力をし、丹精《たんせい》込めて良いものをつくることです。農業においても、今までにないような良い作物をつくり出していくことが大事でしょうね。味においてもも、安全性においても、良いものをつくっていくことです。

よその国では、農薬をたくさん使用して、人体に害があるようなものを輸出しているかもしれません。けれども、「まったく人体に害のない野菜が、いい味で提供できる」ということであれば、これからは安全志向や健康志向が強くなりますから、そういう安全性、健康性の高いものは、当然、付加価値が出てきますね。

だから、必ずしも、安売りをしていくことが正しい道ではないし、それは、経済学としても、行き止まりの経済学です。

今後は、ある意味で、「値打ち感」を中心とした経済学をつくらなければいけないので、今以上の高い機能を持ったものをつくっていくことが大事になります。

したがって、ここは踏《ふ》みとどまらなければいけないところだと思います。

緊縮《きんしゅく》財政と増税で、この国は〝脳死状態〟になる

もう一つ、デフレ下においては株価等も下がっていくので、企業の資金調達が困

難になってきます。株が値上がりしていく場合には、株を買ってもらって、直接、資金を調達し、事業を拡大することができますが、デフレになると、資金が詰まってくるので、事業の拡大ができなくなっていくんですね。

そして、株価が下がるような状況《じょうきょう》においては、銀行も融資をしなくなるため、デフレに引きずられて、経済全体が萎縮《いしゅく》していく傾向《けいこう》が出てきます。

したがって、政府としては、経済を萎縮させる方向の政策を採ってはならないのです。均衡《きんこう》経済、緊縮《きんしゅく》経済の方向に引っ張られすぎては駄目《だめ》です。緊縮経済をやって、さらに増税をしたら、この国は、もう完全に〝脳死状態〟になります。そちらの路線に乗ってはならないと思います。

しかし、「単にマネーサプライを増やす」ということだけでも駄目です。まあ、それも必要なんですが、「マネーサプライさえ増やせばいい」という考えは、サプライサイドの経済学でしょうけれども、これだけでは不十分であることが明らかに分かっているのです。

お金を出すだけでは駄目で、「そのお金を、何に、どう使うか」ということが大事なのです。そこまでつなげていかなければ駄目であり、資金量の調整だけで世の中の仕組み全部を動かせるほど甘《あま》くないのです。資金を供給し、そして、将来性のある産業を育てるところまでやらなければ、実りを生みません。

やはり、新しく雇用《こよう》を生み、収入を生み、そして、税収を生む方向に持っていかなければいけないということですね。

そちらの方向、つまり、未来性、将来性のある産業に資金を供給していくということに生きがいを持たなければいけないし、そういう意味で、本物のバンカー（銀行家）が出てこなければいけないのです。

そして、国家の経済を扱《あつか》う財務省や日銀等においては、緊縮財政型の政策をあまりやってはいけないということを、知っておいたほうがよいと思いますね。

今のままで放置したら、間違《まちが》いなく「百年デフレ」が来ます。そして、国の経済はどんどん縮小均衡に入っていきます。いろいろな意味で、どんどん小さくなっていって、国債《こくさい》も株も、すべてが〝紙切れ〟になっていく方向へ行くと思いますね。

だから、将来性がなければ駄目なのです。未来の発展というものがあって初めて、適正な成長を続けることが幸福につながっていくんですね。

もちろん、ハイパーインフレのようなことは避《さ》けなければいけませんが、正しく舵取《かじと》りをすれば、何とかうまくいくだろうと思います。今、成長産業のところにお金を投資した場合には、ハイパーインフレにはならず、紙幣《しへい》や債券等が紙切れになるようなことはないと思いますね。成長産業のところに資金を投下すれば大丈夫《だいじょうぶ》です。

国債についても、「国家が民間から借金をしていて、赤字だ」と言っているけれども、現実に借用書を書いて借金をしているわけではありません。債権者である国民は、余ったお金を運用しているだけなので、その運用先として、きちんと未来産業のほうにお金を回すべきであるということですね。そういうことが大事です。

あとは、経済政策にかかわっている政治家もそうですが、やはり、経済官僚《かんりょう》のところに民間人を登用したほうがいいと思いますね。民間人を登用すると、お金の使い道がよく分かると思います。

「ユニクロ亡国論」に注意せよ

今、安売り合戦をやっていますが、「もう、そんなに長く続けては駄目ですよ」というのが、私からの警告です。安売り合戦を続けるのは、あと二、三年が限界です。それ以上やったら、この国はもちません。

まあ、安い物を買いたい層もいるでしょうから、安売りはあってもいいんですけれども、お金持ちまでが、みな安売り店に走っていくようだったら、この国の経済は絶対に潰れますよ。お金のある人は、やはり高付加価値のものを手に入れる方向に動いていかなければ、資金が回らなくなっていきます。

誰《だれ》もがバーゲンに殺到《さっとう》するような体制をつくるのはよろしくないのです。

だから、銀座に安売り店がたくさん進出してくるような状況というのは、先行き、日本経済を破滅《はめつ》させる方向であるということですね。

別に、特定の企業を攻撃《こうげき》する意図などはありませんが、私に言わせれば、「ユニクロ亡国論」ですな（笑）。あのような企業をほめたたえていたら、この国は本当に滅《ほろ》びますよ。もっと国内の産業を護らないと駄目になります。

中国経済に支えられて安売りを行い、日本国内の産業を潰し、百貨店を潰して歩いているんですから、そんな店を銀座などに広げさせたり、そのライバルのような企業ばかりをたくさん引き込んでいたら、この国は二流国に落ちていきますよ。

安売りはあってもいいんです。低所得層のために、そういうものはあってもいいんですけれども、やはり、所得階層に合わせたものが、きちんと供給されて、売れることが大事であり、需要《じゅよう》と供給がバランスされていなければいけないのです。

そして、人々が、「高付加価値のものへ移行していきたい」という意欲を持っていることが、健全な経済の姿であるということですね。

C―― ありがとうございます。数々の鋭《するど》いご指摘《してき》、具体的なアドバイスを胸に刻み、現代の日本に具体化できるよう、努力・精進してまいります。

危機の時代には「智慧《ちえ》のある者」に頼《たよ》るしかない

アダム・スミス　まあ、なんだか、非営利事業の宗教が、国家経営に乗り出したりして、ちょっと不思議な現象でしょうけれども、そうは言っても、危機の時代に入ったら、もう、智慧《ちえ》のある者に頼《たよ》るしか方法はないんですよ。

たとえ、イエスが大工であろうと、ソクラテスが何の職人であろうと、それは関係のないことです。

智慧のある者が救わなければいけないので、そういう業種の違いは関係がありません。そして、「宗教に智慧がある」という場合、それは、神から降りてきている智慧であるので、これを知るということは、信仰心《しんこうしん》を高めるチャンスでもありますね。

ぜひ、この国を救ってください。われわれも応援《おうえん》しています。

C――　努力いたします。ありがとうございました。

第2章

「改革開放」の真実

二〇一〇年五月二十五日　鄧小平の霊示

鄧小平《とうしょうへい》（一九〇四〜一九九七）

中華《ちゅうか》人民共和国の政治家。三度の失脚《しっきゃく》を乗り越《こ》えて、権力を掌握《しょうあく》。党中央軍事委員会主席に就任し、事実上の最高権力者となる。「改革開放」政策を推進し、市場経済化を進める一方、一九八九年、民主化を要求する学生運動が起きたときには、これを弾圧《だんあつ》し（第二次天安門事件）、一党独裁体制を貫《つらぬ》いた。

［質問者二名は、それぞれＡ・Ｄと表記］

1 〝中国経済崩壊《ほうかい》の予言〟について反論を聴《き》く

大川隆法　本日、二回目の霊言《れいげん》になります。

先ほど、アダム・スミスを呼び、経済について、そうとう議論しましたが、意見を聴《き》いてみると、彼が、西洋を中心とする自由主義経済圏《けん》の主導者《しゅどうしゃ》であることは明らかでした。

おそらく、自由主義社会の経済について、ほぼ、すべてを握《にぎ》っていると思われます。その見識から見ると、彼は、近年の経済学派等も、ほとんど掌握していると思われます。

そして、霊言のなかで、今の中国経済に関して、「崩壊《ほうかい》するだろう」というような話がかなりありましたので、ジャーナリスティックに、反対の立場の意見も聴いておく必要があると思います。

先般《せんぱん》、毛沢東《もうたくとう》を招霊《しょうれい》したところ、毛沢東自身が、中国の政治のほうを、まだ少し握っていて、霊界《れいかい》から指導しているようでしたが、経済のほうはよく分からないような感じでした（『マルクス・毛沢東のスピリチュアル・メッセージ』〔幸福の科学出版刊〕第2章参照）。経済を握っているのは、おそらく、毛沢東後《ご》に出てきた鄧小平であり、この方が、今、天上界《てんじょうかい》から中国の経済を指導しているのではないかと推定されます。

もし、鄧小平に、中国側からの反論ができるようでしたら、反論をしていただきたいと思います。あるいは、「アダム・スミスの言うとおりだ」と言うかもしれませんし、地獄《じごく》でのた打ち回っていて、全然、何にも言えない状態である可能性もあります。

私は、鄧小平とは、これまで一度も接触《せっしょく》をしていないので、どうなるかは何とも言えないのですが、霊言不能の状態の場合には、別途《べっと》、策を立て直したいと思います。

また、「日本語を話せるかどうか」も分かりませんが、毛沢東が話せたので、大《だい》丈夫《じょうぶ》ではないかと思います。ただ、毛沢東より、少しだけ〝新しい人〟なので、できないかもしれません。

想念のレベルで「念」を発してくれれば、私のほうで、それを日本語に変換《へんかん》することができます。この原理を向こうが理解できれば、日本語での霊言は可能ですが、自分が死んだこともよく分からないような状態だと、少し厳しいかもしれません。

その場合は、霊界にいる、中国人の光の指導霊《しどうれい》の誰《だれ》かに、通訳をお願いできないかを検討してみます。まったく用をなさない場合は、別の人を呼ぶことも考えてみます。

鄧小平については、事前の予習がまったくないので、どうなるか分かりません。吉田茂《よしだしげる》や丸山眞男《まるやままさお》、マルクスの霊言のようになることもありますから、質問者は、頑張《がんば》ってください。

2 鄧小平の死後の行き先

では、行きますよ。

（瞑目《めいもく》し、両手を組む）

中国の近年の政治指導者、鄧小平。

中国の経済の近代化に取り組んだ方でありますから、おそらくは、今も、霊天上界《れいてんじょうかい》において、中国の経済的発展を守護・指導されているであろうと想像しております。

先ほど、アダム・スミスの霊を呼び、西側の立場に立った自由主義経済について話をいただきました。あなたは、その西側経済を取り入れたけれども、マルクス主義の政治部門は残した状態で、実践《じっせん》したはずです。

走資派《そうしは》と呼ばれ、「白い猫でも黒い猫《ねこ》でも、鼠《ねずみ》を捕《と》る猫が良い猫だ」というような思想を出し、政治と経済を分離《ぶんり》して、中国の現在の発展をつくった方であると思います。

一方、天安門《てんあんもん》事件等では、いろいろ問題もあったかと思います。

今、あなたが、どのような状況《じょうきょう》にあるのか、分かりませんが、本日、正式に、幸福の科学総合本部にお呼びいたします。

もし、アダム・スミスの言っていた経済議論がはずれているならば、つまり、中国経済についての予測や日本に対して言っていたことがはずれているならば、反論していただいて、結構です。

また、独自の考えがあるならば、述べてくださって結構ですので、ご協力をお願いしたいと思います。

それでは、招霊《しょうれい》いたします。

鄧小平よ、願わくは、幸福の科学に降りたまいて、われらを指導したまえ。

鄧小平よ、願わくは、幸福の科学に降りたまいて、われらを指導したまえ。

あなたが現在やっておられる仕事と考えを、われらにお伝えください。

十三億の中国の民《たみ》に伝えるべきことがありましたら、お伝えください。

また、一億三千万の日本の国民《くにたみ》に申し伝えたいことがありましたら、私から伝えますので、どうか、率直に意見を述べてください。

中国の立場に立った意見で構いません。鄧小平よ、どうか、われらがために霊言を降ろしたまえ。お願いします。

（約五秒間の沈黙《ちんもく》）

井戸《いど》の底から、ものすごい速度で何万メートルも引き上げられた

鄧小平　（突然《とつぜん》、咳《せ》き込《こ》む）ハッ、ハッ、ハッ、ハッ。ハッ、ハッ、ハッ、ハッ、ハッ。

A――　鄧小平先生ですか。

鄧小平　ハッ、ハッ、ハッ、ハッ。ウヘェ。ヘッ、ヘッ、ヘッ。ハッ、ハッ、ハッ、ハッ。

A――　鄧小平先生ですか。

鄧小平　ウヘェ。ウッ、ヘッ。ウー。ウー。ウホン。アー。

Ａ――ニイハオ。

鄧小平　アー？

Ａ――ニイハオ。鄧小平先生ですか。

鄧小平　アー、アー、アー。

Ａ――日本語はお分かりになるでしょうか。

鄧小平　アー……。アー……。アー、アー。なんだぁ？

Ａ――鄧小平先生。

鄧小平　これは、どういうことだ?

A――　鄧小平先生、ご自分が亡くなられたことや、もう地上におられないことについては、お分かりでしょうか。

鄧小平　あ?

A――　もう地上におられないことは、お分かりでしょうか。今、霊界という場所におられることは、お分かりでしょうか。

鄧小平　ああ。ううーん、うー……。なんだぁ?

A――　鄧小平先生が亡くなられたとき、多くの中国国民が葬儀《そうぎ》に参加されましたが、覚えておられますか。

鄧小平　ああ。ああ。頭が割れるようだぁ！

A――　今は、「楽な状態ではない」ということでしょうか。

鄧小平　ああ、苦しい。んー。

A――　私の質問にお答えいただけますでしょうか。

鄧小平　うー。ちょっと、君！

A――　はい。

鄧小平　ハア、ハア。何事が起きているのか、説明したまえ。

A――　今、鄧小平先生は、東京にある幸福の科学の総合本部に、大川隆法総裁のお力で来ておられます。

鄧小平　うーん。こんなことは初めてだ。

A――　ええ。初めてだと思います。

鄧小平　ああ。なんだ？　これは、なんなんだ？

A――　これは、「霊言現象」というものです。

鄧小平　な、なんという力だ。これは、す、すっごい力だなあ。

A――　霊になられた鄧小平先生のお言葉を、今、公開で収録させていただいております。

鄧小平　そうかあ。ハア。ハア。

A――　はい。多くの人々が、「これからの中国は、どうなるのか」ということについて、ぜひ、鄧小平先生のお考えを聴《き》きたいと……。

鄧小平　いやいや。話を聴きたいというのは、よく分かるが、ちょっと待て！

Ａ――　はい。

鄧小平　ちょっと待て！　いやあ、初めての経験なので、ちょっと、今、動揺《どうよう》しておるのだ。ちょっと待て。ちょっと待ってくれるか。

Ａ――　はい。

鄧小平　ハア。すごい……。今、なんだか、万力《まんりき》のようなもので頭を締《し》め上げられ、ロープでぐるぐる巻きにされて引きずり上げられたんだ。そんな感じなんだ。井戸《いど》の底から、ものすごい速度で、何万メートルもグーッと引き上げられたような、すっごいショックを、今、受けておるのだ。

再び失脚《しっきゃく》し、地下牢《ちかろう》に閉じ込《こ》められたと思っている

A――ご安心ください。鄧小平先生を責めようとしているわけではありません。

鄧小平　でも、事情がもうひとつ飲み込《こ》めない。

A――まったく知識のないことだと思います。

鄧小平　ああ、こんなことがあるのか。

A――はい。鄧小平先生は、「肉体を去って、霊界という場所に行き、今、霊界から、大川隆法総裁の力でもって、私《わたくし》たちにメッセージを伝えようとしている」という状況です。

鄧小平　いやあ、これは初めてだなあ。この世に、こんなことがあるのか。

Ａ――　まあ、この世でもありますし、あの世でもあります。

鄧小平　あの世？

Ａ――　はい。

鄧小平　あ、あの世？

Ａ――　はい。鄧小平先生は、ご自分が亡くなられたことを理解しておられますか。

鄧小平　いや、わしは、また捕《つか》まって、監禁《かんきん》されているのではないのか。

A――　いえいえ、それは、文化大革命の一時期のことです。その後、鄧小平先生は、「改革開放」政策で中国を指導されましたが、その結果、今、中国はGDPで世界第二位になろうとしています。

鄧小平　おお、おお、そうだった。そうだった。
わしは功績を挙げたのだ。

A――　はい。ですから、その鄧小平先生に、「これからの中国について、一言、お伺《うかが》いしたい」ということで、今日、お呼びいたしました。

鄧小平　いやあ、まあ、わしは不《ふ》倒翁《とうおう》だからな。うん、何度でも立ち上がる。

A――　文化大革命のときをはじめ、三度、失脚《しっきゃく》されましたが、そのつど、立ち上がっておられるので……。

鄧小平　そうだ。だから、今、また地下牢《ちかろう》に入れられているのかと思っていた。

A――　その地下牢というのは、ご自分の意識がつくっているのです。

鄧小平　うん？　そうかあ？　なんだか、誰《だれ》かにやられたような感じがするんだが。

A――　いえいえ。決して、「誰かにやられた」というわけではありません。

鄧小平　いや、「わしが共産主義を破った」というので、誰かにはめられたのではないのか。うん?

A――　いや、決して、「はめられた」ということはありません。そのへんも、ぜひ、お伺いしたいと思います。

鄧小平　うーん。

A――　私は、月刊「ザ・リバティ」(幸福の科学出版刊)という雑誌の編集を担当している者です。

鄧小平　うーん。それは知らん。

A――　鄧小平先生はご存じないと思いますが、私《わたくし》は、二十年前から何度も中国に行っております。そして……。

鄧小平　君、中国人か。

A――　いえ、日本人です。

鄧小平　そうか。日本人か。残念だな。

A――　ただ、中国人のみなさんには、非常に親近感を感じております。約二十年前、鄧小平先生が、改革開放で、中国の経済を本格的に成長させ始めたころ……。

鄧小平　そうじゃ。わしは英雄《えいゆう》じゃった。

A――そのころから、私は中国に何度も行っておりまして、つい先日も中国に行ってまいりました。今、たいへん発展をしております。

鄧小平　フーン。わしのお陰《かげ》だな。

A――はい。鄧小平先生のご功績だと、私も思っております。

鄧小平　そうだ。そうだ。

そのわしを、こんなに虐《しいた》げるっていうのは……。ちょっと、誰が、こんなことを仕組んだんだ？　なんか不思議だが、また失脚したかと思っておった。

A――いえ、失脚しておられません。はい。

しばらく時間をいただいて、中国のこれからについて、お話を聞かせていただきたいと思います。

鄧小平　うーん。

Ａ――　鄧小平先生が病気で亡くなったころから……。

鄧小平　ん？　ん？　なに？　病気？

Ａ――　鄧小平先生が病気で亡くなられたころから……。

鄧小平　亡くなった？　君、「亡くなった」と言ったか。

A――　はい。

鄧小平　「亡くなった」と言ったか。

A――　はい。もう地上にはおられません。亡くなられています。

鄧小平　いや、君、そうじゃないんだよ。わしの姿が見えなくなったからって、そう勘違《かんちが》いしちゃいけないよ。わしはまた失脚して、地下牢に入れられたんだよ。

A――　いや、失脚ではなくて、命を失《な》くされたのです。

鄧小平　命？　命はあるよ。

Ａ――　いえいえ。

鄧小平　まだあるよ。

Ａ――　永遠の命はありますが、もう肉体はありません。

鄧小平　んー。

Ａ――　中国の指導者は、鄧小平先生のころと変わっております。

鄧小平　んー。いやあ、テレビはあるんだよ。テレビはあるから、ときどき分かるんだ。うん。

A―― 今、中国の指導者は、胡錦濤《こきんとう》国家主席と温家宝《おんかほう》首相ですよね？

鄧小平 ときどき、そう、わしの……。

A―― では、今、鄧小平先生と非常に結びつきのあった上海《シャンハイ》で、万博《ばんぱく》が行われているのはご存じですか。

鄧小平 そういえば、聞いたような気もする。何かテレビでやっていたような気がするなあ。

A―― 今、世界中から上海に人が行っております。

鄧小平 んー。

3　鄧小平時代の中国を振《ふ》り返る

共産主義の理想と合わない考えも持っていた鄧小平

A――　はい。そこで、ぜひ、鄧小平先生にお伺《うかが》いしたいのですが。

鄧小平　うん、うん。

A――　中国はたいへん発展しておりますが、一方では、貧富《ひんぷ》の格差など、いろいろな社会的矛盾《むじゅん》が、年々、大きくなっております。そこで、つい先ほど、「経済学の父」といわれる、アダム・スミスという方をお呼びして……。

鄧小平　知っているよ。

A――　はい。そのアダム・スミス先生は、つい先ほど、「中国の今後を考えると、発展を緩《ゆる》やかにしたほうがよい。そして、プライドを下げ、自由主義圏《けん》に仲間入りするような気持ちで、自由化、民主化を進めなければ、これ以上の発展はない」というようなことを話されていました。

鄧小平　うーん。まあ、君の声は、なんだか遠くから聞こえてきて、ちょっと頭が振動《しんどう》するんだがなあ。遠くから聞こえてくるんだ。どうして、こんなに遠くから聞こえるんだろう?

A――　はい。

鄧小平　んー、頭がちょっと振動するんだあ。

A――　では、なるべく静かに話します。

鄧小平先生は、中国のこれからについて、どのようにお考えでしょうか。経済的な発展をこのままずっと続けられるとお思いでしょうか。

鄧小平　まあ、豊かになった人は出たんだろ？　それは、よかったんじゃないか。でも、共産主義の理想とは合わないものもあったわなあ。平等ではなくなったと思うんだ。「誰《だれ》でもいい、豊かになれる者から豊かになれ」と、わしは言った覚えがある。だから、金持ちが多少出てきたと思うよ。

うーん。「豊かになれる者からなれ」とは言ったが、確かに、共産主義の根本の理念から見れば、反しているところはあったから、誰かにこうやって罠《わな》にかけられ、監禁《かんきん》されるような運命に立ち至ったのかなあ。

われ、老いたり。年老いて警戒《けいかい》を怠《おこた》ったとは思う。

毛沢東《もうたくとう》が長生きした分、中国は停滞《ていたい》した

A――　その「誰か」というのは、もしかして毛沢東《もうたくとう》氏ではありませんか。

鄧小平　毛沢東?

A――　はい。

鄧小平　毛沢東同志にはよくやられたが……。最近、会っていないなあ。

A――　毛沢東氏は、鄧小平先生を失脚《しっきゃく》させて……。

鄧小平　そうなんだよ！　あの人は、嫉妬心《しっとしん》と猜疑心《さいぎしん》が強くてなあ。わしはフランスでちょっと勉強したことがあるので、西側の原理を知らんわけではないが、毛沢東は国から出ていないから、分からないんだよ。うーん。

Ａ――　毛沢東氏は、鄧小平先生の知識や能力に嫉妬していたのでしょうか。

鄧小平　そりゃそうだよ。わしはインテリだもんな。ハッハッハッハッハ。

Ａ――　先般《せんぱん》、毛沢東氏にお話を聞いたとき、鄧小平先生の時代から、社会主義市場経済というものが始まって、中国の経済と政治がバラバラになったと、不満を述べておられました。これに関して、鄧小平先生はどう思われますか。

鄧小平　うーん、「同志マルクスが何か言った」とか、さっき言っていなかったか。

ん？　同志マルクスは、どうしているのかな。

A――　あのー、マルクスではなく、毛沢東氏です。

鄧小平　あ、毛沢東？

A――　はい。毛沢東氏は、今の中国の社会主義市場経済のあり方について、非常に批判的に見ておりました。

鄧小平　うーん。日本は悪の帝国《ていこく》だったはずだよな。それで、中国は、革命が成立したあと、「抗日《こうにち》運動から倒日《とうにち》運動へ」というか、「日本を倒《たお》すために、国力をつけなければいけない」ということで、彼は、大躍進《だいやくしん》政策をやったわけだ。

しかし、大躍進は失敗をしたし、自分に代わる幹部の養成にも失敗をしていた。

しかも、外国帰りの人間が嫌《きら》いな人であったので、わしのことを、信じてはいなかったのであろう。

まあ、でも、毛沢東が死んだお陰《かげ》で、わしがやれたところはある。彼は長生きしすぎたよな。ほんとは、一九五〇年代ぐらいで暗殺されておれば、中国にとっては、いちばんよかったのだよ。毛沢東が長生きしすぎた分、中国の停滞《ていたい》を生んだな。

日本を訪問して感じたこと

A――　その毛沢東に代わって、鄧小平先生は、中国の指導者となられたわけですが、一九七八年に、日本へ来られて、新幹線に乗り、それで、「中国を発展させなければいけない」と……。

鄧小平　ああ、そうなんだよな。びっくりしたよ。

A――　日本は、一億総中流といって、豊かでありながら、平等化が非常に進んでいました。

鄧小平　いやあ、びっくりしたなあ。ほんとに、ムチで背中を打たれているような速さで、走っとったなあ。

A――　はい。当時、そう語られていましたね。

鄧小平　うーん。

A――　鄧小平先生にとっては、実は、日本という国が理想の国だったのではないでしょうか。

鄧小平 いや、それはないよ。君、それはない。それだけはない。それを言ったら、わしは死刑《しけい》だ。

A―― 鄧小平先生、大丈夫《だいじょうぶ》です。死刑になる心配はありません。

鄧小平 ない？

A―― 建前でなく、どうか本音で、お聞かせいただきたいのですが。

鄧小平 うん、うん。

A―― 「鄧小平先生は、日本を見て、『中国をこのような国にしたい』と思われた」と思うのですが、いかがでしょうか。

鄧小平　いや、そうではない。別のものを目指していたんだ。フランスは西洋に入っておるけれども、フランス文化のなかには、中国革命を高く評価してくれる左翼《さよく》勢力が、そうとう根深くあるので、まあ、フランス的なものを何《なに》かつくりたいとは思っておった。

「金を稼《かせ》ぎ、軍事拡張をする」ことが、中国の基本路線

A――　今の中国は、先ほど、鄧小平先生が話されたように、豊かになった人が出てきています。そして、日本にも買い物に来るようになりました。

鄧小平　え？　なんと言った？

A――　中国のお金持ちが、日本へ買い物に来るようになりました。中国のクレジ

ットカードは、日本でも使えます。

鄧小平　おお！

A——　ただ、その一方で、十二億ぐらいの人たちは、まだまだ貧しい生活をしております。

鄧小平　うーん。

A——　鄧小平先生は、今後、中国を、どのようにしたいと思われているのでしょうか。そうした矛盾に蓋《ふた》をしてでも、経済成長を続けるつもりなのでしょうか。

鄧小平　うーん。いや、わしは、だから、〝あれ〟じゃないか。マルクス主義、共産主義を裏切ったので、今、牢屋《ろうや》に入れられているんじゃないのか。

A――　ただ、私は……。

鄧小平　ん？　だから、今、元に戻《もど》っているんじゃないのか？　発展しているのか？

A――　今、中国は発展しています。ただ、鄧小平先生は、共産主義にあまりシンパシー（共感）は持っておられなかったのではないでしょうか。

鄧小平　そんなことはない。そんなことはない。まあ、そんなことはないよ。そりゃあ、わしも、共産主義革命は支持していたし、抗日運動は正しいと思っていた。まあ、中国は、日本だけではなく、ヨーロッパ列強にずいぶん植民地化されて苦しんだ。そういう近代を送ったので、「二度と、そんなふうにならないように、軍事的にも強くならなければいけない」と思ったんだ。

けれども、軍事的に強くなるためには、経済力をつけないかぎり無理なので、わしは、「豊かになれる者から豊かになれ」と言ったわけだ。

「敵の兵法ではあっても、使えるものは使う」っていうのが中国のやり方だ。「敵の兵法を学び、それを利用して金を稼《かせ》ぎ、軍事拡張をする」と。これが、わしの基本的な路線だった。

まあ、わしの考えが、今の指導者たちに伝わっているなら、そのような方向に進んでいるはずだが？

4　あの世でヒトラーに出会った

A――　今の中国は、先ほど、アダム・スミス先生も指摘《してき》されていましたが、戦前の日本とそっくりの状況《じょうきょう》になっており、軍事力を強め、そして、資源外交あるいは資源帝国《ていこく》主義というかたちで、事実上の植民地をアフリカなどにつくり始めています。また、アジアにも手を伸《の》ばしております。

鄧小平　うーん。

A――　中国が、「戦前の日本そっくりになってきている」ということについて、どのようにお考えですか。

鄧小平　日本とそっくり？　うーん。

A――　ええ。抵抗《ていこう》したはずの日本と、今の中国のやっていることが……。

鄧小平　いや、君ねえ。

A――　はい。

鄧小平　話は変わるんだが、君は中国人だから、打ち明けるけれども……。

A――　いや、日本人です。

鄧小平　え？

A――　日本人です。

鄧小平　中国人だ！　何を言ってる。中国人だろう？

A――　ええ、はい……（会場笑）。

鄧小平　君、二十年も前から中国に住んでいるのに、何を言ってるんだ。君は中国人だ。日本人のふりしちゃいけない。
それで、この前ねえ。君、ここだけの話だよ。

A――　はい。

鄧小平　俺《おれ》、この前、ヒトラーと会ったんだよ。びっくりした。

A――へえ!

鄧小平　会わせてもらえたんだ。不思議なんだが、ヒトラーはまだ生きていたんだ。アメリカの空襲《くうしゅう》とソ連の侵攻《しんこう》から逃《に》げててねえ。

A――はい。

鄧小平「地下に逃げてきたんだ」って。ヒトラーは、地下帝国をつくって、いまだに生き延びているんだよ。びっくりしたよ。

A――　はあ。第三帝国をつくって……。

鄧小平　そう！　第三帝国があるんだよ。地下につくっているんだよ。

A――　それは……。

鄧小平　会えた。ヒトラーに、この前、会えたんだよ。

A――　はい。

鄧小平　びっくりした。

A――　はい。

鄧小平　まだ生きてたんだ。すごいねえ。

Ａ――　はあ。

鄧小平　やつら、抵抗運動をやっているんだよ。

Ａ――　鄧小平先生がいつもおられる所と同じ場所で、ヒトラーと会われたのでしょうか。

鄧小平　いや、同じ場所ではないんだよ。誰《だれ》かが会わせてくれたんだよ。よく分からないんだ。なぜ会えたのか、分からないんだが、地下帝国をつくって、「まだ第三帝国は健在だ」と言っていた。うん。

5　「改革開放」の真の狙《ねら》いとは

中国十三億人すべてを豊かにするつもりはなかった鄧小平

A――　そのヒトラーの姿は、鄧小平先生から見て、どうでしたか。

鄧小平　彼は、経済は天才だからね。経済は天才なんだよ。軍事も、部分的には天才だった。最後は負けたが、途中《とちゅう》までは、部分的な天才だったと思う。敵が多すぎたな。あとは、アメリカがちょっと強すぎた。だけど、やつは、経済は天才だったな。だから、わしは、ヒトラーの経済の回復策をまねしたところはある。

A――　そうすると、鄧小平先生の、「可能な者から先に豊かになれ」という先富《せんぷ》論《ろん》は、経済を豊かにすることによって軍事力を強めることが目的であり、ヒトラーがモデルだったのでしょうか。

鄧小平　うんうん、そうそう。目標は軍事力なんだよ。

A――　はい。

鄧小平　軍事力を強めるためには、経済力をつけなければ駄目《だめ》であり、そのためには、豊かになれる者から豊かにならなければいけないんだ。

A――　なるほど。目的が軍事力にあるとしたら、最初から、「中国の十三億すべての人を豊かにする」ということは……。

鄧小平　いや、豊かにするつもりは全然ない。金が欲しいだけだ。

A――　金が欲しいだけですか。

鄧小平　ああ、金が欲しいだけ。金がないと、やっぱり戦えない。中国は貧しかったから、日本に負けたし、侵攻《しんこう》されたんだろう。ヨーロッパにやられたのも、貧しかったからだ。

君、そういう意味で、近代化して、工業をつくって、産業をつくって、金をためて、軍事力を増強しなければいけないよな。そうしないと、また、やられてしまうから。

目的は、あくまでも軍事力増強であり、民主化ではない

A――そうすると、一九八九年に、天安門《てんあんもん》事件が起きましたが……。

鄧小平 ああっ！ 嫌《いや》なことを言うなあ。

A――鄧小平先生は、当初、民主化を求める学生たちに、少し理解を示していたように見えましたが、結局、軍事的に制圧をされました。これは、どういうことでしょうか。

鄧小平 君、軍隊を強くすることが目的なんだから、そんなの当たり前じゃないか。転覆させられてたまるか！

A――でも、北京《ペキン》大学や清華《せいか》大学などの学生は、中国の将来を担《にな》うエリートであって、それほど危険な運動ではなかったと思うのですが。

鄧小平　エリートは海外に留学もさせたけれども、西洋かぶれにするために、留学させているわけではない。「敵の兵法を盗《ぬす》んでこい」ということで、留学させているわけであるから、敵の兵法を盗んで、国のためにそれを利用しなければ、インテリっていうのは意味がないわけだ。

A――そうすると、自分の思うとおりに動かなかった学生たちに対して、怒《いか》りが爆発《ばくはつ》したのが、あの天安門事件ということですか。

鄧小平　当然だろ？　君、そりゃ、そうだよ。彼らを勉強させたり、エリートにしたり、留学させたりしているのは、すべて祖国のために働かせるためであって、それを裏切るんだったら、弾圧《だんあつ》だよ。当たり前じゃないか。

「ゴルバチョフは、同志とは言えない」と見ている

Ａ――　なるほど。もう一点、お伺《うかが》いします。

武力弾圧に踏《ふ》み切る一カ月前、当時ソ連の書記長だったゴルバチョフ氏が初めて北京を訪問しました。そのとき、北京市内では、学生が民主化運動をやっていたわけですが、鄧小平先生としては、「顔に泥《どろ》を塗《ぬ》られた」という怒りもあったのではないでしょうか。

鄧小平　あのゴルバチョフってのは信用ならん男だなあ。

Ａ――　お嫌《きら》いですか。

鄧小平　うーん。実に信用ならん男だよ。あいつは、まだ生きとるのか。

A――　生きております。

鄧小平　早く死ね！

A――　いやあ（苦笑）。

鄧小平　まあ、わしも会っていないから、知らんが、まだ生きているのか。

A――　ゴルバチョフ氏の、どういう点がお嫌いですか。

鄧小平　ありゃあ、〝いい格好《かっこう》しい〟だよ。祖国を護《まも》らず、国民も護らない、いい格好しいだ。まあ、同志とは言えんな。んー。
　魂《たましい》を売った。

A――　そのゴルバチョフ氏がやったことは、情報公開ということで、どんどん新しい知識や情報を公《おおやけ》にしていきました。

鄧小平　あれは、お人好しだから、CIAにやられたんだよ。あれは、CIAの謀《ぼう》略《りゃく》にかかったに違《ちが》いない。

中国の人権問題を批判してくるアメリカは〝ちっぽけな国〟

A――　今、中国では、かなり多くの国民がケータイを持っており、世界でいちばんケータイを持つ国になっています。まあ、鄧小平先生はご存じないと思いますけど……。

鄧小平　ん？　ケータイ？

Ａ――　携帯《けいたい》電話です。持ち歩きすることのできる電話のことです。そして、情報のやり取りがものすごく自由に、活発になっています。

鄧小平　何の話があるんだろう。電話を持って歩いて、何を話すのか……。

Ａ――　みんな、話すことがたくさんあるんです。

鄧小平　何の話が……。

A――仕事がない。

鄧小平 ん？

A――自由がない。選挙がない。お金がない。

鄧小平 お金……。

A――病気になっても病院に行けない。

鄧小平 それで、電話だけあるのか。電話会社の公務員ばかりいるのか。

A――いえいえ。国民が電話を持ち歩くようになっているのです。

鄧小平　電話を持ち歩いてもしょうがないじゃないか。仕事がないのに、電話を持ち歩いて、どうするんだよ。

A――みんなで集まって、政府に要求を突《つ》きつけることが増えているのです。

鄧小平　それはいけない。弾圧しなくては。

A――しかし、年間、十万件近い暴動が起きているとも言われています。

鄧小平　それはいけない。軍が弱っとるんじゃないか。

A――軍部からも、徐々《じょじょ》に同調する人も出ております。

鄧小平　それはいかんな。そのケータイっていうのは、なんだか、よく知らないいけれども、それは早く取り上げなければいけない。

A――　そうしますと、鄧小平先生が、中国の現執行部《しっこうぶ》に願うことは、自由ではなく、やはり、徹底的《てっていてき》な取り締《し》まりであるということでしょうか。

鄧小平　君、国が潰《つぶ》れては大変なことになるから、ケータイだかなんだか知らんが、それは、全部取り上げなければいけない。それは駄目だ。うん。

A――　しかし、そうした自由を抑圧《よくあつ》する中国に対して、国際的に非常に批判が高まっています。

鄧小平　うーん。

A――　アメリカも、「人権無視である」ということで、非常に……。

鄧小平　いやあ、それは、もうスパイがたくさん入っているんじゃないか。スパイが、中国に対する悪い宣伝を流しているんじゃないか。

A――　いや、もうスパイの必要はないんです。

鄧小平　ん？

A――　中国の人々は、もう、自由に政府を批判しています。私は、中国へ行ったときに、そういう姿を見ています。

鄧小平　いや、わしは、そんなの認めた覚えはない。

Ａ――　それで、アメリカ等から、中国に対し、「人権をもっと認めるように」という国際的な圧力が強まっています。

鄧小平　うーん。あんな、〝ちっぽけな国〟と一緒《いっしょ》にされたら困るんだよ。こちらは大国なんだからさあ。

Ａ――　アメリカはちっぽけな国？

鄧小平　あんなの、ちっぽけだよ。インディアンから奪《うば》った国だろ？　あんな、歴史の浅い、ちっぽけな国に、そんなことを言われる筋合いはないな。

中国は、あと五年か十年で、アメリカの軍事力に追いつくだろう

A――ただ、鄧小平先生は、抜群《ばつぐん》の軍事的才能をお持ちでしたので……。

鄧小平　そりゃあ、そうだよ。

A――アメリカの軍事力については、お認めになりますよね？

鄧小平　うーん。でも、まあ、日本には、もう勝てるような気がするんだよなあ。

A――日本とアメリカには、まだ日米安保があります。

鄧小平　いや、それは、確か密約があるはずだ。キッシンジャーやニクソンも、

「日本を再軍備させないための日米安保条約だ」と、中国には説明していたはずだ。

A——それは昔の状況《じょうきょう》です。鄧小平先生が「改革開放」を進めたことで、中国は経済力や軍事力をつけましたが、その結果、皮肉なことに、事情が変わってしまいました。日本に再軍備させないための日米安保が……。

鄧小平　うん。そうだよ。そうだ。

A——中国に備えるための日米安保に変わったんです。

鄧小平　いや、それはいけない。日米安保は、〝瓶《びん》の蓋《ふた》〟なんだから。

A——〝瓶の蓋〟は、もう過去の話になったのです。

鄧小平　日本を決して武装させないために、日米安保があって、「日本さえ〝裸《はだか》〟にしておけば、中国を攻《せ》める国はない」ということだったはずだ。

A――　すると、鄧小平先生から見れば、「日米同盟は、やはり壊《こわ》れるべきである」とお考えでしょうか。

鄧小平　いや、アメリカが日本を占領《せんりょう》して、自由にさせないのなら、別にあってもいいと思うよ。うーん。アメリカは、日本より、ましな国だろう？　「アメリカは、中国を植民地にしようとまでは思っていない」と、わしは思うんだ。うん。

A――　要するに、鄧小平先生としては、「アメリカとの正面衝突《しょうとつ》は避《さ》けたいけれども、自由化や民主化の要求は受け入れたくない。そして、中国の経済発展と軍事的発展を続けるべきである」ということでしょうか。

鄧小平　まあ、今の指導者がどうしているかは知らんが、原水爆の開発は終わっているはずだ。それから、宇宙にもロケットを飛ばしているはずだな。それは、わしも知っている。

だから、アメリカに追いつくのに、そんなに時間はかからないんじゃないか。もう、あと五年や十年もあれば、十分追いつくんじゃないか。

A――　そういうご認識であるわけですね。

鄧小平　うーん。原爆戦争をやったら、中国が勝つだろう。やっぱり人口が多いからな。アメリカ人が死に絶えても、中国人は、半分ぐらい生き残っているんじゃないか。

Ａ――　分かりました。「経済的発展、軍事的発展は緩《ゆる》めずに進める。アメリカと張り合ってでもやるべきだ」というお考えですね。

鄧小平　まあ、日本は、アメリカが保護・観察している分《ぶん》にはあってもいいけれども、アメリカが保護・観察しないで、日本が「独自防衛する」とかいうことになったら、それは、「侵略する」という意味だから、それだったら、今度は、中国が核《かく》攻撃《こうげき》して、日本を滅《ほろ》ぼします。そのつもりです。

こんな危険な国は放置できない。アメリカの属国であるうちは、まあ、大丈夫と思うが、アメリカの属国から離《はな》れるのなら、攻撃します。

Ａ――　はい。お考えはよく分かりました。

それでは、質問者を替《か》わります。

鄧小平 ああ、そうか。君とは仲良くしたかったんだがなあ（会場笑）。

A―― いえいえ。替わります。

6　民主化運動や人権問題を、どう考えるか

D――　鄧小平先生、本日は、幸福の科学総合本部にお越《こ》しいただいて、ありがとうございます。

鄧小平　君ぃ、礼儀《れいぎ》正しくしなさい！

D――　はい。私《わたくし》は、月刊「ザ・リバティ」編集部の○○と申します。今日は、よろしくお願いいいたします。

鄧小平　うーん。

D――今、中国においては、自由化や民主化を求める声が強くなっていますが、かつての天安門《てんあんもん》事件のように、軍事的なもので潰《つぶ》していくということでしょうか。

鄧小平 当然です。やります。絶対にやります。

D――そうなりますか。

鄧小平 絶対、中国はやります。

D――先般《せんぱん》、イギリスのチャーチル元首相が、霊言《れいげん》のなかで語っておられたのですが……。

鄧小平　「霊言」って、よく分からない。

D――　胡錦濤《こきんとう》国家主席は第四世代ですが、その次の次の第六世代から、ヒトラーのような人物が現れるとおっしゃっていました（『民主党亡国論』〔幸福の科学出版刊〕第3章参照）。

鄧小平　何言ってんだよ。ヒトラーは、わしの仲間だよ。何言ってるんだ。最近、会ったんだよ。

D――　要するに……。

鄧小平　「ヒトラーや鄧小平みたいな人物が現れる」っていうのは、素晴《すば》らしいことじゃないか。何言ってるんだ。

D――　いえ、中国にヒトラーのような人物が現れると……。

鄧小平　君、ヒトラーは天才なんだよ。

第二次大戦では敵側だったが、中国はドイツと戦ったわけではないから、別に、何とも思っていないけれども。

まあ、ヒトラーのお陰《かげ》で、アメリカが参戦してくれたんだ。第二次大戦に、アメリカは参戦しないことになっていた。ルーズベルトは、不戦宣言していたからねえ。だけど、ヒトラーがイギリスを攻撃《こうげき》してくれたお陰で、まあ、日本がハワイを攻撃してくれたお陰もあるが、アメリカが参戦してくれたので、ありがたい。

ヒトラーさまさまだ。ヒトラーのお陰で、わが国が解放されたようなところがあるな。

十三億人をまとめるには、〝専制君主〟が必要と考えている

D――　ヒトラーのことは、とりあえず置いておきましてですね。

鄧小平　ん？　ヒトラーのことはいいのか。

D――　ええ。「胡錦濤国家主席の、次の次の世代に、ヒトラーのような人物が現れるのではないか」ということを、チャーチル元首相が指摘《してき》されていました。

その件についてですが、今後、中国は、第六世代において、どのような展望を描いているのでしょうか。

鄧小平　それは、おそらく、「わしや毛沢東《もうたくとう》みたいな力のある人が出てくる」っていうことだろ？

君、十数億の国民《こくみん》をまとめるには、すごい力が要《い》るんだ。民主主義なんて言ってるが、みんなで議論などしてたら、国家は分裂《ぶんれつ》するんだよ。だから、強力な専制君主みたいな独裁者が必要なんだ。

やっぱり、強い指導者が要るんだ。十万人ぐらいのデモがあっても、いざとなったら、皆殺《みなごろ》しにする。そのぐらいの力がなかったら、国家の統一なんかできないんだよ。

D――　ただ、それは、国民にとって幸せな状態と言えるのでしょうか。

鄧小平　そんなの、知ったことか。やはり、国家の存立が大事なんだよ。

D――　国家も大事ですが……。

鄧小平　十何億もいるんだから、十万人や百万人、死んだって、どうってことないんだよ。君、何言ってるんだ。

D――それは、「国民の幸せ」という観点においては……。

鄧小平　君、そういう西洋かぶれのことを言うんじゃないよ。

D――ただですね。

鄧小平　ん？

D――今、中国では、実際に、農村と都市の差が開いています。

鄧小平　そんなもの、もとから開いてるんだ。何言ってるんだ。

D――　ええ（苦笑）。しかし、国のトップに立つ者としては、国民の幸せを考えて……。

鄧小平　君ねえ。

D――　その矛盾《むじゅん》をソフト・ランディングさせるのが……。

鄧小平　君！　君は、国のトップと話をするような、そんなレベルの人間じゃないよ。君みたいなのは、即刻《そっこく》、憲兵隊《けんぺいたい》が引っ張っていって、処刑《しょけい》しなければいけない。

君、西洋かぶれで、ちょっと頭がいかれてるよ。

D――　いえ、西洋かぶれか否かではなく、共産主義自体にすでに限界が来ているのではないでしょうか。

鄧小平　もう、中国に〝帰依《きえ》〟しなさい。

D――　中国に〝帰依〟しても、幸せにはなれないと思います。

人権思想をまったく受け入れない、鄧小平の霊《れい》

鄧小平　君、やっぱり精神的におかしいよ。

D――　そうですか（苦笑）。

鄧小平　どこか狂《くる》ってる。

君ねえ、国家っていうのは、個人より大事なものなんだよ。国家あっての個人なんだよ。それなのに、君は、なんだか、「国家が個人をいじめたら、悪い」というような言い方をするじゃないか。

D―― 人々をいじめるのは、やはり、よくないことだと思います。

鄧小平 君が言っていることは、「象が、知らないうちに蟻《あり》を踏《ふ》むのは、象が悪い。だから、象を死刑にする」みたいな、そんな目茶苦茶な論理だよ。

D―― では、国家は、何のために存在しているのですか。

鄧小平 国家は、国家のために存在するんだよ。何言ってるんだ。

D――　国家のために？

鄧小平　国家が生き残ることが大事なんだ。

D――　国民を幸せにするために、国家はあるのではないでしょうか。

鄧小平　個人は、国家を支えるためにあるんだ。君、何を言ってるんだよ。中国で人権があるのは、昔から、皇帝《こうてい》一人なんだよ。

D――　ですが、先ほど西洋かぶれとおっしゃいましたけれども、西洋にかぶれた日本のほうが、中国に比べると、「幸せな国民が多い」という状況《じょうきょう》にあります。

鄧小平　君、何言ってるんだよ。私は、日本の政治家の体《てい》たらくを知ってるよ。君、私を騙《だま》そうとしたって、そうはいかない。

D――　いえいえ。現実は、そうじゃないですか。

鄧小平　とうとう日本にも、CIAみたいなものができたのかあ。君は、秘密工作員だな。ハッハハッハッハッハ。

D――　そう受け取るなら、それでも結構ですが。

鄧小平　そんなものに騙されるほど、私は落ちぶれていないんだよ。私は、顔は優《やさ》しいが、心は「鬼《おに》」なんだよ。君なんかに工作されるほど、私は老いぼれちゃいないんだ。

D――　いや、ですが、実際ですね。

鄧小平　ん？

D――　中国の都市部には、裕福《ゆうふく》な人たちが、数千万人、出ていますが、暴動の数から見て……。

鄧小平　それがどうしたって言うんだよ。都市が裕福かどうかなんて、どうでもいいんだよ。国家が裕福だったら、それでいいんだ。

D――　では、鄧小平先生は、「国家さえ存続すれば、国民はどうなってもいい」とお考えですか。

鄧小平 君ねえ、国家が存在することが、国民の幸福なんだ。それが、なぜ分からないんだ。

D―― それは、「国民の幸せは追求しない」ということですか。

鄧小平 君、物事の大小が分からないんだな。

D―― 「国民の幸せは、そこには存在しない」ということですか。

鄧小平 だから、国民っていうのは、国家が所有するもんなんだよ。君、それが分からないのか。

例えば、うさぎを飼うとして、「うさぎが不幸だから、主人は死ね」って言っているようなもんだよ。まあ、君の言い方はな。「ニンジンをやるのを忘れたから、主人は死刑だ。うさぎがかわいそうだったから」と、こんな言い方をしているのが、君の人権思想だよ。
これが、西洋かぶれのいかれたところだ。「大小が分からない」っていうことだ。

D――　これ以上、話をしても、イタチごっこになってしまいますし、時間もそろそろ来ましたので……。

鄧小平　イタチをばかにするんじゃないよ（会場笑）。あれは、いい食料になるんだ。

D――　これで、質問を終了《しゅうりょう》させていただきます。

鄧小平　ん？　終わりか。

D――　ええ。

鄧小平　君、秘密工作員として失格だよ（会場笑）。帰ったら、射殺されるぞ。

D――　鄧小平先生のご見解は理解できましたので、もう十分です。

鄧小平　いや、それでは、君、工作員として不十分だよ。逆に、何か情報を流してくれないか。日本は、今、いったい何を考えているんだ？

D――　それは秘密にさせていただきます。

鄧小平　君を送り込《こ》んできて、日本は、何をしようとしているんだ？　言ってみろ。

D――それは秘密です。

鄧小平　え？　秘密？

D――はい。

鄧小平　君、秘密はいけないよ。情報公開しなさい（会場笑）。暗号は、解読することに意味があるんだ。なぜ、君を、私の部屋まで送り込んできたかだ。これは大きな問題だな。

D――また、元の世界にお戻《もど》りください。

鄧小平 （聴聞者《ちょうもんしゃ》を指差して）なんだ、これは、人民裁判か。これは、なんだ？ 人民裁判をやってるのか。

D―― そうではありません。

鄧小平 天安門事件のことで、みんな怒《おこ》ってるのか。（聴聞者を見ながら）これは、北京大学の人か（会場笑）。そうじゃないのか。

D―― また、元の世界に戻っていただければと思います。本日は、本当にありがとうございました。

鄧小平 君ねえ、ちょっと病院に行ったほうがいいよ。やっぱり、ちょっと神経が痛んでるなあ。早く治療《ちりょう》したほうがいい。南のほうへ行って、少し静養したほうがいいかもしれないねえ。

「国家よりも個人のほうが大事」なんて言ってるんだから、これは、もう完全に狂ってるよ。

D――いえ、国家は大事ですけれども、「そこに国民の幸せはないのか」ということを言いたいわけです。

鄧小平「国民」なんて抽象的《ちゅうしょうてき》なことを言ってはいけない。国家があって国民があるんだ。そこを、間違《まちが》っちゃいけないよ。君は、「頭よりも足のほうが大事だ」って言っているわけだ。完全に勘違《かんちが》いをしている。

D――もう終わらないと思いますので、このへんでお戻りください。

鄧小平　なんだか変なやつだな。日本は、もっとましなのを送ってこい！　根性が入っとらん！　わしを洗脳しようとするんだったら、もっと骨のあるやつを連れてこなきゃな。さっきの人は、中国人だから、まあ、いいけどさあ（会場笑）。
君は、中国人に化けているつもりかもしらんが、駄目《だめ》だよ！　そんな根性のないやつは、もう処刑だ。車裂《くるまざ》きの刑にしてやる！

D――　機会があれば、また、お話をお聞かせください。鄧小平先生、本当にありがとうございました。

鄧小平　なぜ、私は呼ばれたんだ？　ん？　なぜ呼ばれたんだ？　失礼な。尋問《じんもん》しただけなら、謝罪しろ！

D――　いえ、謝罪はいたしません。

鄧小平　君、それは社会人として許されないことだよ。

D――　いや、こちらに来ていただいたことには、感謝を申し上げます。

鄧小平　なんだか、一方的に尋問されただけじゃないか。

D――　そうですね。

「国家主席が中国皇帝《こうてい》だ」と考えている

鄧小平　君、わしはヒトラーとでも対等に話ができる人間なんだよ。

D――　はい。その話は、先ほど、お聴きしました。

鄧小平　だから、君みたいな雑魚《ざこ》が、偉《えら》そうに言うんじゃないよ！　君らを十万人ぐらい殺すのはわけないんだ。わしが命令一つ出したら、それで終わりなんだからな。間違ってはいけないよ。

D――　本当に長い時間……。

鄧小平　中国をなめるな！　今の国家主席が、中国の皇帝《こうてい》なんだ。ん？　わしは主席ではなかったかな。まあ、いいか。毛沢東に負けなかった男なんだから、鄧小平の名は、二千年たっても歴史に遺《のこ》るんだ。日本なんか踏《ふ》み潰してやるからな。いいか！

D――　そうならないように、私たちは……。

鄧小平　君みたいな日本人がたくさんいるなら、日本は思想犯の山だから、もう踏み潰してやる！

D――　そうならないように、私たちは、今、法を弘《ひろ》めているところです。

鄧小平　西洋かぶれは治さないといけない。あれは、ほとんど梅毒《ばいどく》と一緒《いっしょ》だ。

D――　そうではありません。

鄧小平　あれがうつったら、もう体がおかしくなってしまうからな。最後は脳にまで来るから、気を付けたほうがいいぞ。

D――　話が長くなりましたので……。はい、本日は、まことにありがとうございました。

鄧小平　ああ、そうかい。なんだかよく分からないが。

これは、いったい、なんだ？　ほんとに、もう、変な所だな。君たちは何？　なんだ？

D――　ありがとうございました。

鄧小平　これは、なんなんだ？　ん？

D――　もう、お戻りください。

鄧小平　ん？　ん？　いいのか。なんだか知らないが、じゃあ、帰るぞ。

D――　ありがとうございました。

大川隆法　（鄧小平に）はい、ありがとうございました。

7　唯物論者《ゆいぶつろんしゃ》の金儲《かねもう》けは最悪の結果をもたらす

大川隆法　予想された、最悪の事態でした。もう少し偉《えら》い人かと思っていたのですが、お金儲《かねもう》けだけでは駄目《だめ》ですか。

（質問者に向かって）何か一言ありますか。

Ａ――　これは、想像以上に駄目だと思いました。

大川隆法　鄧小平が進めたお金儲けというのは、「西洋化する」ということではなく、「軍事力をつけるために、敵の兵法を盗《ぬす》む」ということであったわけですね。

A――　それが、よく分かりました。

大川隆法　そういうことだったんですね。西洋化するつもりは、全然ないようです。そして、鄧小平を知っている今の世代には、この考え方がズボッと入っていますね。彼らは、鄧小平の弟子筋《でしすじ》たちだから、中国は変わらないはずです。おそらく、江《こう》沢民《たくみん》も、ほとんど同じ考え方だったのでしょう。

なるほどね。「敵の兵法であろうとも、盗めるものは盗んで、自分のところで利用しようと考えている」ということですね。

しかし、天国・地獄《じごく》が分からないのは、マルクスと一緒《いっしょ》でした。

A――　たいへん参考になりました。

大川隆法　毛沢東は、意外に地獄に堕《お》ちていなかったのですが、毛沢東の親が、仏教を熱心に信じていたことが、少し効いているのかもしれません。

Ａ――　はい。それと、もしかしたらですが、毛沢東は、少しは国民のことを考えていたのかもしれません。

大川隆法　ああ、そうか。国民への愛情があったのかな。中国を、日本から独立させた部分の功績があるので、国民から尊敬されている面もあるのでしょう。ところで、金正日《キムジョンイル》も死んだら、すごいことになるでしょうね。金日成《キムイルソン》も、死後は鄧小平とほとんど同じでしょう。

それにしても、話にならないぐらい、どうしようもなかったですね。これで、十三億人国家のトップですか。こんなトップが治める国家は、もう〝地獄〟です。やはり、中国の政治体制のほうは潰《つぶ》さなければいけません。

それで、なんと、日本の政党まで、騙《だま》されているわけです。さらには、学者、文化人、ジャーナリストまで、そうとう、やられています。

A――　騙されています。

大川隆法　騙されていますね。

A――　はい。

大川隆法　鄧小平の死後の行き先が、これですか。アダム・スミスとは、かなりの差がありますね。全然違《ちが》います。かたや、世界情勢を全部つかみ、神様のような立場にいて、かたや、地下牢《ちかろう》ですか。

鄧小平は、「万力《まんりき》で締《し》め上げられ、ロープで吊《つ》り上げられて、引きずり出された」と言っていましたが、自分の死んだことが分からないわけです。

Ａ――　まさに天と地であることが、今日、よく分かりました。

大川隆法　ちょっとショックです。「十三億人のトップが、こんな状態になっている」というのは、ショックですね。悲しい。あまりに悲しいですね。

鄧小平は本当の意味での唯物論者《ゆいぶつろんしゃ》ですが、「唯物論は金儲けにも使える」ということです。そして、唯物論者の金儲けは、宗教的には最悪の結果になるわけです。悲しいですね。頑張《がんば》らなければいけません。

これは難敵です。鄧小平の考えからいけば、日本を踏《ふ》み潰すぐらいわけありません。その気になれば、中国は攻《せ》めて来るでしょう。やはり、防衛はしておいたほうがよいと思います。

鄧小平は、私たちとは考え方が全然違います。人権思想を絶対に受け付けません。「人が十万人ぐらい死ぬ」ということに対して何とも思っていませんし、「日本にミサイルを一発撃《う》ち込《こ》んだら黙《だま》る」と思っているので、やるかもしれませんね。

アメリカに対しても、「五年か十年以内に逆転する」と思っているような感じでしたが、鄧小平の今の感じから見たら、中国の指導部も、そう思っているかもしれません。

中国の指導部にも、人権思想を根本的に理解していないところがあります。外国帰りの人でも、そうなのですから、基本的には、「洗脳が終わっている」ということですね。

人格が完全に出来上がっているので、外国へ行っても西側の価値観を吸収しないのです。敵の策を盗むためだけに行っているわけです。「この世の地獄がまだある」ということですね。

したがって、日本は没落《ぼつらく》するわけにはいきません。これは、頑張らなければいけませんね。

Ａ――　はい、頑張ってまいります。

大川隆法　経済力も、中国のほうが上になったら、軍事力は、ますます強くなってしまいます。

私たちの使命は大きいですね。戦いは続きます。

幸福実現党は頑張らなければいけません。ボロ負けばかりしていたのでは恥《はじ》さらしで、これでは、左翼側《さよくがわ》のほうが正しいかのように見えてしまいます。

頑張って政権に辿《たど》り着かないといけません。「正しいものが弱い」というのでは、困るのです。

私たちは、蟻《あり》ですか。象に対する蟻に思われているようです。なんとか頑張らないといけません。

うーん。悔《くや》しい。まだ世界を引っ繰《く》り返せません。相手も強いです。これほど迷っているのに、正しい世界観を理解させることができないでいるわけです。

「ザ・リバティ」も頑張ってください。

A――　はい、頑張ります。ありがとうございました。

あとがき

経済を防衛するための軍事力と、武力侵攻《しんこう》を目指すための経済力強化とでは、似《に》ているようで、実は正反対のものであることが、本書を読めばよくわかる。読者よ、あなた方の未来を守るためにも、天国と地獄を分かつ智慧《ちえ》を持つがよい。軍事的野心というものの恐ろしさを知るがよい。そして、基本的人権思想や、真なる自由の思想が、信教の自由から生まれ出ていることを悟るがよい。

二〇一〇年　六月八日

国師《こくし》　大川隆法《おおかわりゅうほう》

『アダム・スミス霊言による「新・国富論」』大川隆法著作関連書籍

『ドラッカー霊言による「国家と経営」』（幸福の科学出版刊）

『景気回復法』（同右）

『マルクス・毛沢東のスピリチュアル・メッセージ』（同右）

『民主党亡国論』（同右）

アダム・スミス霊言《れいげん》による「新《しん》・国富論《こくふろん》」
――同時収録　鄧小平の霊言　改革開放の真実――

2010年６月23日　初版第１刷

著　者　　大《おお》川《かわ》隆《りゅう》法《ほう》

発行所　　幸福の科学出版株式会社
〒142-0041 東京都品川区戸越１丁目６番７号
TEL(03)6384-3777
http://www.irhpress.co.jp/

印刷・製本　株式会社 サンニチ印刷

落丁・乱丁本はおとりかえいたします

ISBN978-4-86395-053-5 C0030
Photo: ©Radius Images /amanaimages，Fujifotos/アフロ

大川隆法ベストセラーズ・霊言シリーズ

未来創造の経済学

公開霊言 ハイエク・ケインズ・シュンペーター

現代経済学の巨人である三名の霊人が、各視点で未来経済のあり方を語る。日本、そして世界に繁栄を生み出す、智慧の宝庫。

1,300 円

ドラッカー霊言による「国家と経営」

日本再浮上への提言

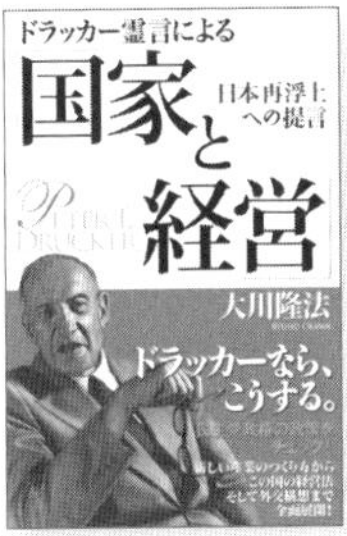

「経営学の父」ドラッカーが、日本と世界の危機に、処方箋を示す。企業の使命から国家のマネジメントまで、縦横無尽に答える。

1,400 円

景気回復法

公開霊言 高橋是清・田中角栄・土光敏夫

日本を発展のレールに乗せた政財界の大物を、天上界より招く。日本経済を改革するアイデアに満ちた、国家救済の一書。

1,200円

富国創造論

公開霊言 二宮尊徳・渋沢栄一・上杉鷹山

資本主義の精神を発揮し、近代日本を繁栄に導いた経済的偉人が集う。日本経済を立て直し、豊かさをもたらす叡智の数々。

1,500円

大川隆法ベストセラーズ・新しい国づくりのために

大川隆法 政治提言集

日本を自由の大国へ

2008年以降の政治提言を分かりやすくまとめた書。社会主義化する日本を救う幸福実現党・政策の真髄が、ここに。

1,000円

宗教立国の精神

この国に精神的主柱を

なぜ国家には宗教が必要なのか？ 政教分離をどう考えるべきか？ 宗教が政治活動に進出するにあたっての、決意を表明する。

2,000円

危機に立つ日本

国難打破から未来創造へ

現政権の根本にある思想的な誤りを克明に描き出す。未来のための警鐘を鳴らし、希望への道筋を掲げた一書。

1,400円

創造の法

常識を破壊し、新時代を拓く

斬新なアイデアを得る秘訣、究極のインスピレーション獲得法など、仕事や人生の付加価値を高める実践法が満載。

1,800円

※表示価格は本体価格（税別）です。

大川隆法 ベストセラーズ・混迷を打ち破る「未来ビジョン」

幸福実現党宣言

この国の未来をデザインする

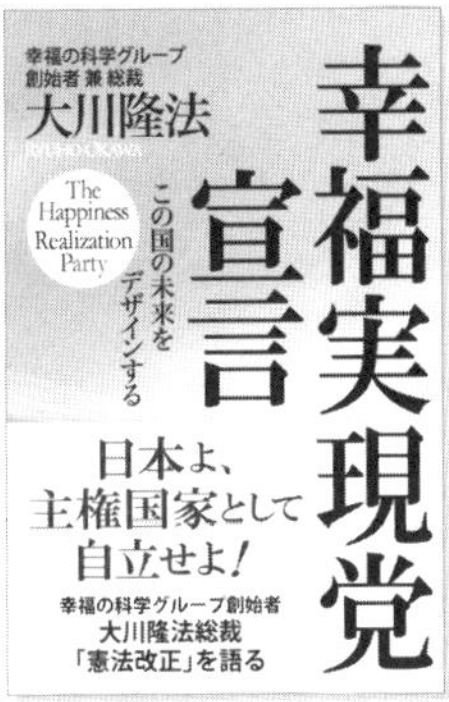

政治と宗教の真なる関係、「日本国憲法」を改正すべき理由など、日本が世界を牽引するために必要な、国家運営のあるべき姿を指し示す。

1,600円

政治の理想について

幸福実現党宣言②

幸福実現党の立党理念、政治の最高の理想、三億人国家構想、交通革命への提言など、この国と世界の未来を語る。

1,800円

政治に勇気を

幸福実現党宣言③

霊査によって明かされる「金正日の野望」とは? 気概のない政治家に活を入れる一書。孔明の霊言も収録。

1,600円

新・日本国憲法試案

幸福実現党宣言④

大統領制の導入、防衛軍の創設、公務員への能力制導入など、日本の未来を切り開く「新しい憲法」を提示する。

1,200円

夢のある国へ――幸福維新

幸福実現党宣言⑤

日本をもう一度、高度成長に導く政策、アジアに平和と繁栄をもたらす指針など、希望の未来への道筋を示す。

1,600円

幸福の科学

あなたに幸福を、地球にユートピアを——
宗教法人「幸福の科学」は、
この世とあの世を貫く幸福を目指しています。

幸福の科学は、仏法真理《ぶっぽうしんり》に基づいて、まず自分自身が幸福になり、その幸福を、家庭に、地域に、国家に、そして世界に広げていくために創られた宗教です。

「愛とは与えるものである」「苦難・困難は魂を磨く砥石《といし》である」といった真理を知るだけでも、悩みや苦しみを解決する糸口がつかめ、幸福への一歩を踏み出すことができるでしょう。

この仏法真理を説かれている方が、大川隆法総裁です。かつてインドに釈尊《しゃくそん》として、ギリシャにヘルメスとして生まれ、人類を導かれてきた存在、主エル・カンターレが、現代の日本に下生《げしょう》され、救世の法を説かれているのです。

主を信じる人は、どなたでも幸福の科学に入会することができます。あなたも幸福の科学に集い、本当の幸福を見つけてみませんか。

幸福の科学の活動

●全国および海外各地の精舎《しょうじゃ》、支部・拠点などで、大川隆法総裁の御法話拝聴会、祈願や研修などを開催しています。

●精舎は、日常の喧騒《けんそう》を離れた「聖なる空間」です。心を深く見つめることで、疲れた心身をリフレッシュすることができます。

●支部・拠点は「心の広場」です。さまざまな世代や職業の方が集まり、心の交流を行いながら、仏法真理を学んでいます。

幸福の科学入会のご案内

◆精舎、支部・拠点・布教所にて、入会式にのぞみます。入会された方には、経典《きょうてん》「入会版『正心法語《しょうしんほうご》』」が授与されます。

◆仏弟子としてさらに信仰を深めたい方は、三帰誓願式《さんきせいがんしき》を受けることができます。三帰誓願式とは、仏・法・僧の三宝《さんぼう》への帰依《きえ》を誓う儀式です。

◆お申し込み方法等は、最寄りの精舎、支部・拠点・布教所、または左記までお問い合わせください。

幸福の科学サービスセンター
TEL 03-5793-1727
受付時間 火～金：一〇時～二〇時 土・日：一〇時～一八時

大川隆法総裁の法話が掲載された、幸福の科学の小冊子（毎月１回発行）

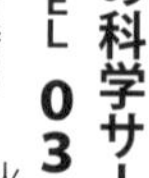

月刊「幸福の科学」
幸福の科学の
教えと活動がわかる
総合情報誌

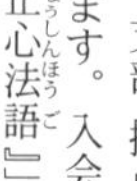

「ザ・伝道」
涙と感動の
幸福体験談

「ヘルメス・エンゼルズ」
親子で読んで
いっしょに成長する
心の教育誌

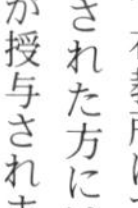

「ヤング・ブッダ」
学生・青年向け
ほんとうの自分
探究マガジン

幸福の科学の精舎、支部・拠点に用意しております。
詳細については下記の電話番号までお問い合わせください。

TEL 03-5793-1727

宗教法人 幸福の科学 ホームページ **http://www.kofuku-no-kagaku.or.jp/**